Un succès hors du commun

Par Gabriel Agbo

<u>Dédicace</u>

C'est au roi David d'Israël que je dédie cet ouvrage; cet homme qui est l'image du cœur de Dieu. En effet, ce fut un homme remarquable et couronné de succès. Bien qu'il ait dû affronter de grandes difficultés et contretemps sur son chemin, il s'en remit à la grâce et à l'amour de Dieu, travailla durement et en sortit vainqueur. C'était un homme qui vivait dans la crainte de Dieu, était digne de confiance, et faisait preuve d'intelligence et de courage. C'est l'un de mes héros dans les Écritures. J'ai tellement appris de lui. Que Dieu bénisse notre bien aimé Roi David pour l'éternité !

Introduction

Un succès hors du commun ! Dieu nous a destinés à réussir. C'est notre droit. Cela relève de notre nature. Le succès est présent dans notre ADN. Personne ne peut trouver des excuses pour justifier ses échecs. Tout ce que nous allons devoir faire en cette vie est déjà implanté en nous et aussi contenu dans la parole de Dieu. Tout cela est vrai. Cet ouvrage va vous ouvrir les yeux à la vérité éternelle. Vous ne serez plus les mêmes après l'avoir lu.

Vous trouverez ici des thématiques telles que : Vous pouvez réussir, Les choses ne vont pas bien ? Ô mon Dieu, Dieu du Ciel, Il tient ses promesses, Écoute ma prière, Accorde-moi du succès et des faveurs, Vision-Plan-Travail, Organisation, Surmonter les Obstacles, J'ai réussi ! Vous découvrirez les secrets de l'homme le plus riche ayant jamais vécu, l'homme le plus fort et le roi le plus puissant. Et aussi des prières qui vous mettront automatiquement sur la voie du succès. Dieu ne vous a pas destiné à l'échec. Il vous a créé à sa propre image et selon sa ressemblance. Ce qui revient à dire que tout comme Il est un succès, nous aussi nous devons l'être. Nous sommes venus au monde et nous avons été sauvés pour réussir ! Lisez et vous serez transformés.

Gabriel Agbo

Table des matières

Dédicace

Introduction

Chapitres

« … Ah ! Seigneur, Dieu du Ciel, toi, le Dieu grand et redoutable, qui garde l'alliance et la fidélité grâce à ceux qui l'aiment et observent ses commandements, que ton oreille soit attentive, et tes yeux ouverts pour écouter la prière de ton serviteur. Aujourd'hui, devant ta face, je prie jour et nuit, pour les fils d'Israël, tes serviteurs : je confesse les péchés des fils d'Israël, nos péchés contre toi ; moi-même et la maison de mon père, nous avons péché ! Nous avons vraiment mal agi envers toi, nous n'avons pas observé les commandements, les décrets et les ordonnances que tu avais prescrits à Moïse, ton serviteur.

Souviens-toi de la parole que Moïse ton serviteur a prononcée sur ton ordre : 'Si vous êtes infidèles, moi je vous disperserai parmi les peuples, mais si vous revenez à moi, si vous observez mes commandements et les mettez en pratique, quand bien même certains auraient été chassés jusqu'à l'extrémité des cieux, je les en rassemblerai et les ramènerai au Lieu que j'ai choisi pour y faire habiter mon Nom.

Ce sont tes serviteurs et ton peuple que tu as rachetés par ta grande puissance et à la force de ta main ! <u>Ah ! SEIGNEUR, (…) Fais qu'aujourd'hui ton serviteur réussisse et trouve miséricorde en face de cet homme</u> »

Le Livre de Néhémie 1.5-11[1]

---

[1] Toutes les citations de la Bible sont tirées de *La Bible. Traduction Officielle Liturgique*, AELF, Paris 2013 (N.d.T.).

Vous pouvez réussir

Chapitre Un

Vous pouvez réussir

Avoir du succès revient uniquement a réaliser l'objectif ou le but qui a été fixé pour vous. Cela a également été défini comme le fait d'obtenir la prospérité et la chance. Mais ici nous voulons définir le succès comme le fait de réaliser un dessein divin à un moment précis, dans une situation précise ou au cours de sa vie. Lorsque vous saurez ce que Dieu a établi pour vous et pour autrui, tenez-vous y et faites en sorte que cela s'accomplisse, vous obtiendrez ainsi le succès. J'ai choisi cette définition car lorsqu'on réalise ses objectifs en dehors du dessein divin ou en dehors de l'utilité du Royaume des cieux, on est voué à l'échec. Dieu ne nous perçoit pas comme une réussite. C'est on ne peut plus vrai.

Il en découle que le succès ne veut pas uniquement dire accumuler des richesses, des biens matériels, obtenir des positions prestigieuses ou réaliser ses ambitions, etc. Rien de tout ça ! On peut disposer de tout cela et continuer à se sentir très vide. Mais lorsqu'on accomplit le dessein de Dieu, il est toujours accompagné de cette joie, de cette fraîcheur, de cette paix intérieure et de cette réalisation, cette approbation divine et cette bénédiction qui lui sont associées. Les biens matériels ne garantissent pas à eux seuls notre accomplissement.

La volonté de Dieu est que nous réussissions notre vie. Sa volonté est que nous obtenions du succès dans tout ce que nous accomplissons, désir qu'il a exprimé de manière très explicite dans ses Écritures. On ne peut marcher main dans la main avec Dieu et être voués à l'échec. Quiconque se conforme à Sa parole ne peut être voué à l'échec. C'est impossible! C'est pour cette raison que Jésus a dit qu'aucun de ceux qui marchent dans la lumière (Ce sont ses propres mots) ne trébuche. C'est vrai. Tout ce dont vous avez besoin pour obtenir le succès est contenu dans Sa parole. C'est ce dont vous allez vite vous rendre compte. J'ai personnellement lu et suivi la parole de Dieu et découvert cette vérité valable en tout temps. Notre succès est déjà contenu dans Sa parole. Mais pourquoi devons-nous obtenir du succès?

Premièrement parce que c'est la volonté de Dieu. Deuxièmement parce que Dieu lui-même est un succès et nous sommes supposés être comme Lui. Un fils sera comme Son Père. Troisièmement car il a mis en place tout ce dont nous avons besoin pour avoir du succès et c'est une promesse. Quatrièmement car notre succès s'inscrit toujours dans le vaste et ultime plan qu'il a établi pour l'humanité. Voici donc les éléments que nous allons nous efforcer d'illustrer à travers cette étude et nous estimons que nous pouvons le faire en nous servant de la prière et des actions du grand Néhémie. Mais avant d'en arriver là nous allons d'abord examiner un certain nombre des faits que nous venons de mentionner.

Dieu est un succès

Lorsque l'on étudie ou que l'on observe Dieu attentivement, on découvre une personne qui n'a jamais échoué dans aucun de ses projets. Même lorsqu'on pense qu'il y a des obstacles sur Son chemin ou que les temps ne lui sont pas favorables, il trouve toujours le moyen de réaliser Son projet. Parvenez-vous à voir cela dans les Écritures aussi ? Examinons le tout début de la création. On nous a dit que la terre était sans espoir, sans forme et plongée dans l'obscurité. Il n'y avait pas de vie, pas de lumière, pas de structures et pas de beauté. Mais cela n'a pas découragé Dieu. Il est venu avec foi et a commencé à parler et à créer des choses. En effet, tout ce que vous voyez dans l'univers a été créé par Dieu à partir du néant. Il a parlé et tous ont commencé à exister.

Il a créé les cieux et la terre, le ciel, les étoiles, le soleil, la lune, toutes les planètes, les mers, le sol, les montagnes, la végétation, les déserts, les sources, les cascades, les oiseaux, les poissons et d'autres grands mammifères aquatiques, les animaux, les reptiles, et le plus petit de tous les insectes. Et il a aussi créé l'homme ; qui a fini par se multiplier en des milliards d'autres hommes aujourd'hui. Eh bien oui, tout cela a été créé à partir du néant. C'est ça le succès ! Passer du néant au succès, créer des choses qui ne devraient pas exister, créer quelque chose du néant. Je suis sûr qu'après avoir lu ce livre vous allez tout de suite commencer à créer des choses qui n'existaient pas avant. Vous allez réaliser ces rêves et ces visions qui murmurent en vous depuis que vous existez. Vous allez faire quelque chose de grandiose de ces petits riens. Mais commençons par examiner l'histoire de la création avant d'aller plus loin :

« Au commencement, Dieu créa le ciel et la terre. La terre était informe et vide, les ténèbres étaient au-dessus de l'abîme et le souffle de Dieu planait au-dessus des eaux. Dieu dit : 'Que la lumière soit' Et la lumière fut. Dieu vit que la lumière était bonne, et Dieu sépara la lumière des ténèbres. Dieu appela la lumière 'jour' et il appela les ténèbres 'nuit'. Il y eut un soir, il y eut un matin : premier jour…

Ainsi furent achevés le ciel et la terre, <u>et tout leur déploiement</u>. Le septième jour, Dieu avait achevé l'œuvre qu'il avait faite. Il se reposa le septième jour ».

Effectivement, la création fut complétée, bonne, belle et réussie ! Et le créateur se reposa. Il s'octroya un jour de repos bien mérité après avoir travaillé pendant sept jours. Il y aura toujours cette joie, cette paix, cette sensation d'accomplissement et de repos après tout succès. Vous vous souvenez, nous l'avons dit au début de ce livre. La création a été un succès extraordinaire. Et d'ailleurs de temps en temps il regardait ce qu'Il avait fait et voyait que c'était bien ! Que c'était un véritable succès !

Nous sommes comme lui

Maintenant Dieu veut que nous réussissions comme Lui a réussi. Il veut que nous obtenions des succès dans tous les domaines de notre vie. En effet, si Lui est une réussite, nous aussi nous devons en être une. En fin de compte, la parole de Dieu dit que nous sommes faits à son image. Nous devons être sur la terre ce qu'Il est aux cieux. Tout cela est très vrai. Maintenant revenons sur nos pas et examinons tout cela dans la création. Pour créer les autres choses il s'est limité à parler, mais s'agissant de créer l'homme Dieu a demandé conseil. Ensuite il a créé l'homme à son image et selon sa ressemblance. Cela veut dire que les hommes ont les caractéristiques de Dieu dans leur ADN – ils peuvent créer, ils peuvent avoir du succès, ils peuvent réaliser ce qu'ils conçoivent en pensée ou au moyen de leur imagination, ils peuvent multiplier, ils peuvent soustraire, ils peuvent dominer, ils peuvent créer des choses à partir du néant. En effet, toutes ces aptitudes ont été insufflées à l'intérieur des hommes par le créateur :

« **Dieu dit : 'Faisons l'homme à notre image, selon notre ressemblance. <u>Qu'il soit le maître</u> des poissons de la mer, des oiseaux du ciel, des bestiaux, de touts les bêtes sauvages, et de toutes les bestioles qui vont et viennent sur la terre.**

Dieu créa l'homme a son image, <u>à l'image de Dieu il le créa</u>, il les créa homme et femme.

Dieu les bénit et leur dit : 'Soyez féconds et <u>multipliez-vous, remplissez la terre et soumettez-la</u>. Soyez les maîtres des poissons de la mer, des oiseaux du ciel et de tous les animaux qui vont et viennent sur la terre' (…) Et Dieu vit tout ce qu'il avait fait ; et voici : <u>cela était très bon</u>. Il y eut un soir, il y eut un matin : sixième jour. »

Livre de la Genèse, 1.26-31

Vous avez lu ce passage ? Il y a beaucoup à prendre ici. Nous l'avons déjà souligné. Dieu a fait l'homme à Son image, afin qu'il se multiplie et qu'il soumette et qu'il devienne le maître de tout.

Le Maître de Tout

Ainsi donc, Dieu a créé l'homme afin qu'il soit le maître de tout ce qui vit. Vous avez donc été créés pour être les maîtres de toute chose dans cette vie. Être le maître cela veut dire contrôler, dominer, triompher ; la capacité de faire en sorte que les choses travaillent dans votre intérêt. C'est justement comme ça que Dieu a créé l'homme. Il l'a créé de façon à ce qu'il soit à même de faire en sorte que tout contribue à son bien, son succès. C'est une évidence.

Excellent et complet

Vous avez également remarqué que Dieu va continuer à s'intéresser à tout ce qu'il a créé chaque jour afin de vérifier qu'il est à la hauteur ? L'avez-vous perçu ? Alors comment se fait-il que quand ça a été le tour de l'homme, après lui avoir donné des instructions, la Bible dit « Et Dieu vit tout ce qu'il avait fait ; et voici : **cela était très bon** ». Pourquoi cela ? Les hommes attirent la perfection divine et de son habileté créatrice. Ils manifestent l'éclat de Dieu, la profondeur et l'exhaustivité de Son intelligence et de Sa sagesse. Ils surpassent le succès de Dieu ! Vous avez été créés pour réussir. C'est inscrit dans votre nature, dans votre ADN. Vous avez été créés pour réussir et vous ne devez pas aspirer à moins.

Maintenant nous pouvons analyser le véritable message. Nous allons partir de l'expérience de Néhémie - un Juif exilé qui va revenir reconstruire le rempart de Jérusalem - en tant que notre guide. En effet, j'ai trouvé dans ses activités les principes du succès. Croyez-moi, tout ce dont vous avez besoin pour réussir votre vie est contenu dans les Écritures. Il vous suffit de rechercher attentivement, de découvrir et de les laisser faire le travail pour vous. Vous voulez vraiment réussir ? Alors allons-y !

Chapitre Deux
Les choses ne vont pas bien ?

« Ils me répondirent : 'Ceux qui ont échappé à la captivité et qui sont restés là-bas dans la province sont dans une grande détresse et dans la honte ; le rempart de Jérusalem n'est que brèches ; et ses portes ont été dévastées par le feu.' »

Livre de Néhémie, 1.3

Ce qui pousse quelqu'un à rechercher le succès ou à travailler pour l'obtenir est un fort désir d'amélioration. Lorsqu'on n'est pas satisfait de la situation actuelle, lorsqu'on a la sensation qu'on n'a pas atteint son apogée, réalisé son potentiel et ses aspirations, il est alors naturel de rechercher la meilleure façon de s'approcher de la réalisation de ses rêves. Les gens qui réussissent ne sont que des gens qui n'étaient pas satisfaits de leur situation mais qui ont continué à aller de l'avant, surmontant tous les obstacles tant qu'ils n'ont pas réalisé leurs objectifs de manière satisfaisante. Ils ont compris quels étaient leurs besoins, ils ont affronté et surmonté les obstacles et réalisé leurs rêves.

Mais revenons à notre extrait des Écritures. C'était quand le peuple de Juda se trouvait captif en Perse. Quelques uns de eux qui étaient restés au pays de Juda rendirent visite à Néhémie qui était alors employé en exil comme échanson du roi au palais de son ravisseur. Et lorsqu'il demanda des nouvelles des Juifs (son peuple) ayant survécu à la captivité et concernant les conditions dans lesquelles se trouvait Jérusalem, une ville autrefois glorieuse il obtint une réponse triste et pénible. On lui répondit que les choses ne se passaient pas bien pour les gens qui vivaient chez lui ; ils connaissaient des difficultés et des malheurs. Par la suite la ville fut démolie et les portes brulées. Ô mon Dieu !

En entendant cela, Néhémie éclata immédiatement en sanglots. Il s'assit, incapable de réprimer ses pleurs. Il pleura, jeuna et pria. D'ailleurs qui ne l'aurait pas fait ? Votre peuple, les gens que vous aimez connaissent des difficultés, sont dans la détresse, connaissent la défaite et la honte. Votre maison, votre ville est en ruines ? Celle qui autrefois était une belle ville fortifiée, bien construite et glorieuse ; entourée de montagnes, dotée de tours, de jardins, de pièces d'eau et avec le magnifique temple, d'une richesse inouïe, tout orné d'or qui abritait le saint des saints et l'Arche d'Alliance ; cela veut dire que l'omniprésence de Dieu auprès de son peuple est désormais en ruines ! Dites-moi, qui ne se sentirait pas abattu en recevant d'aussi tristes nouvelles ?? J'ai moi-même perçu ce choc en lisant ces vers. Mon peuple et ma ville connaissent de grandes difficultés et de grands malheurs !

Il est certain que vous ne serez pas stimulé à agir ou a entreprendre la voie du succès tant que vous ne vous n'éprouverez pas la détresse qu'éprouve ici Néhémie. Ce sont les sentiments qui ont donné naissance aux hommes et au femmes les plus brillants, aux révolutionnaires les plus puissants qu'ait connu l'histoire. Il a vu les ennuis et les malheurs et s'est juré d'inverser la situation quel qu'en fut le prix. C'est pourquoi nous avons dit que vous ne vous battrez jamais pour obtenir le succès si vous êtes satisfaits de votre situation actuelle. Il doit y avoir des conditions, des aspirations qui vous motivent à atteindre des objectifs supérieurs. Ici, pour Néhémie, cela va être les conditions de ses frères, de sa famille, de sa ville et du peuple de Dieu. Ils connaissent des ennuis, des malheurs et la ruine. Il lui serait difficile de servir au palais royal, alors que son peuple et sa ville connaissent le malheur.

Les ennuis, le malheur et la ruine

Tout effort pour un succès authentique et durable doit être une tentative de résoudre l'une des situations évoquées plus haut ou l'un des nombreux problèmes que connaît l'humanité. Il doit s'agir d'un effort délibéré pour trouver une solution. D'ailleurs, même les experts de création de bien être l'affirment. Ils vous diront d'identifier des nécessités humaines réelles et de vous efforcer de les satisfaire, et vous serez sur la voie de la richesse. Exactement. Cela est très vrai. Il s'agit d'un principe divin et universel. Le fait que les choses n'aillent pas bien constitue en soi une opportunité de trouver une solution qui va vous donner accès au prestige ! Les gens importants, les gens et les corporations aisés ont généralement vu le jour dans des périodes difficiles. Tandis que d'autres passaient leur temps à se lamenter ils cherchaient des solutions qui allaient immédiatement les distinguer. Le besoin stimule la nécessité de trouver des solutions et les solutions apportent le bien-être ! Dieu a obtenu le succès dans sa création car Il a trouvé la solution au fait que la terre était informe. Trouvez une solution à ce besoin et vous serez immédiatement couronnés de succès.

À son époque, Néhémie n'était pas le seul Juif exilé ou chez lui, mais il ressentait fortement le besoin de trouver une solution aux problèmes, aux malheurs et à la dévastation qui s'étaient soudain abattus sur son peuple et sa ville. Il y a toujours quelque chose chez les grands hommes et les grandes femmes qui les empêche de rester muets lorsqu'ils sont confrontés aux défis. Il fut immédiatement touché lorsqu'on lui annonça la triste nouvelle. Il s'assit, pleura, jeuna et pria. Oui, il pria ! Pourquoi ne réagissez-vous pas alors que votre vie, votre famille, votre peuple, le lieu où vous vivez, votre activité, votre pays traverse une période difficile ou est en ruines ? Êtes-vous satisfaits de tout cela ? Néhémie ne l'était pas. Il était touché.

Ô Seigneur, Dieu du Ciel

Chapitre Trois
Ô SEIGNEUR, Dieu du Ciel

Après que Néhémie eut reçut ces nouvelles inquiétantes de chez lui, avec le choc et la tristesse qui l'accompagnait, il jeuna et pria Dieu. J'ai toujours cru qu'il était bon de rechercher l'aide de Dieu dans toute situation et j'ai encouragé les autres à le faire, je ne peux d'ailleurs pas être blâmé pour l'avoir fait, car je suis le produit de la prière et de l'alliance divine. C'est essentiellement en raison de ces deux choses que vous lisez ce livre aujourd'hui. La prière et l'alliance ont fait de moi ce que je suis devenu. C'est on ne peut plus vrai. Elles sont très puissantes. Je vais en dire davantage à ce sujet plus loin. Mais je voudrais que vous sachiez que vous n'obtiendrez pas grand-chose sur votre chemin vers votre destiné divine si vous n'entretenez pas de bons rapports et une véritable communication avec Dieu. Tout cela est très vrai. J'ai étudié très attentivement les grands hommes et femmes que l'on rencontre dans la Bible et dans l'Église et c'est exactement la conclusion à laquelle j'ai abouti. Ils se précipitent vers Dieu à la moindre menace. Ils s'adressent à lui lorsqu'ils sont dans le besoin, mais aussi lorsqu'ils ne sont pas dans le besoin. Il dépendent tellement de lui qu'il lui consacrent tous les pas qu'ils font dans leur existence.

Ils Lui ont demandé de l'aide et une intervention à l'occasion d'un défi. Et même lorsqu'ils n'ont pas d'ennuis ils Lui offrent également un sacrifice (prière) de louange. Alors vous vous demandez encore pourquoi je suis tombé amoureux d'hommes tels que David, Josaphat, Jésus, Paul, Néhémie, Élie, Samuel, Daniel, etc. ? Je les aime tant ! Ce sont mes héros, mes modèles. J'ai même écrit sur la prière de Josaphat quand ces trois nations vinrent l'attaquer, *'Prayer of Jeoshaphat : O' God Won't You Stop Them ?'* Avez-vous lu ce livre ? Je pense que vous auriez intérêt à le faire. Ils ont toujours su qu'ils ne pourraient rien réaliser sans Dieu. C'était des gens ordinaires qui étaient totalement épuisés, qui se sont reposé sur Dieu et qui, en conséquence, ont accompli des exploits incroyables et surnaturels pour le royaume des cieux. J'aime la façon dont on parlait d'Elie. On nous rappelle qu'il était un homme ordinaire comme vous et moi mais, mu par sa foi, il pria et il n'y eut pas de pluie en Israël pendant trois ans et demi. C'est la Force de la Prière ! Je n'en dirai pas plus ici sur certains de ces hommes. Je vous conseille vivement de vous procurer mes ouvrages ***Power of Midnight Prayer*** et ***'Prayer of Jeoshaphat : O' God Won't You Stop Them ?'*** Ils sont vraiment extraordinaires!

Néhémie savait lui aussi qu'il avait besoin de l'intervention divine s'il voulait que quelque chose soit sauvé du pays dévasté de Juda. La situation était vraiment terrible – presque irréparable, sans espoir. Il savait que, faute d'une intervention divine, le peuple de la Terre de Juda allait être perdu. Vous vous souvenez comme je l'ai décrite précédemment – il connaissait de graves dangers, malheurs et ruines ! Maintenant, peu importe combien votre vie est problématique en ce moment, je sens que l'intervention de Dieu se dirige vers vous au nom de Jésus ! La prière va changer la pire des situations. Notre Dieu transforme les cendres en beauté. Cela est vrai. C'est pourquoi Néhémie a prié :

« Ah ! Seigneur, Dieu du ciel, Dieu grand et redoutable qui garde l'alliance et la fidélité à ceux qui l'aiment et observent ses commandement, que ton oreille soit attentive, et tes yeux ouverts, pour écouter la prière de ton serviteur. Aujourd'hui devant ta face je prie jour et nuit pour les fils d'Israël, tes serviteurs : je confesse les péchés des fils d'Israël, nos péchés contre toi ; nous n'avons pas observé les commandements, les décrets et les ordonnances que tu avais prescrits à Moïse ton serviteur.
Souviens-toi de la parole que Moïse ton serviteur a prononcé sur ton ordre : 'Si vous êtes infidèles, moi, je vous disperserai parmi les peuples, mais si vous revenez à moi, si vous observez mes commandements et les mettez en pratique, quand bien même certains auraient été chassés jusqu'à l'extrémité des cieux, je les rassemblerai et les ramènerai au lieu que j'ai choisi pour y faire habiter mon nom.
Ce sont tes serviteurs et ton peuple que tu as rachetés par ta grande puissance et par la force de ta main. Ah ! Seigneur, (…) Fais qu'aujourd'hui ton serviteur réussisse et trouve miséricorde en face de cet homme'.»

Livre de Néhémie, 1.5-11

Mon Dieu ! Vous avez lu ces mots ? Maintenant nous allons nous efforcer de tirer deux ou trois choses qui vont nous aider de cette magnifique intercession. Allons-y.

Dieu du Ciel

Lorsque Néhémie ouvre la bouche la première chose qui sort est « Ô mon Dieu, Dieu du Ciel ! » Quand rien sur la terre ou dans la vie ne va plus où regarde-t-on ? Au Ciel ! Lorsque la situation semble très précaire, inquiétante et humainement impossible où regardez-vous ? Vers le Ciel ! Néhémie savait, en cet instant précis, que le peuple d'Israël ne pourrait obtenir de l'aide que du Dieu du Ciel ; celui-là même qui est capable de transformer des cendres en beauté. Oui, le Dieu qui peut transformer la honte, les ennuis, les malheurs en victoire et en joie. Lorsque la terre échoue, le ciel va aider !

Les hommes sages qui veulent être puissants et avoir du succès doivent toujours tirer leur puissance du ciel. Cela est on ne peut plus vrai. C'est là que toutes les ressources se trouvent. Tout ce que vous voyez sur terre provient du Ciel. Je crois que c'est pour ça que Jésus a dit que personne ne peut recevoir quelque-chose si cette chose ne lui est pas donnée d'en haut. Et qui est cet « en haut » - Dieu. Les Cieux sont au-dessus de la terre et de tout ce qu'elle contient. Les Cieux fournissent à la terre tout dont elle a besoin. Même physiquement, si les cieux supprimaient la lumière du soleil, la lueur de la lune, la pluie, l'air, etc., le monde cesserait d'exister. On a besoin du Ciel pour réussir dans la vie. C'est le ciel qui arrose (bénit) la terre. Ainsi donc, si vous vivez encore sur la terre et que vous voulez avoir du succès vous devez reconnaitre Dieu et dépendre de lui. Néhémie savait tout ça, c'est pourquoi il a appelé le Dieu du Ciel. Maintenant vous aussi vous l'appellerez ?

Les Portes et les fenêtres du Ciel

Comprenez-vous pourquoi la parole de Dieu fait si souvent référence aux portes, fenêtres et portails du Ciel ? Si ils ne sont pas ouverts pour vous c'est fini. Vous allez trimer encore et encore, mais vous n'obtiendrez rien ou très peu qui soit visible, malgré tous ces efforts. Ce Ciel est doté de portes, de fenêtres et de portails qui livrent des ressources et des succès à ceux que Dieu a favorisé.

Grand et Redoutable

Néhémie, comme tous les autres héros de la foi, des prières et du bien-être spirituel débute sa supplication par une louange. Cela me plait beaucoup ! En effet la situation est terrible, le message est plein de détresse, mais Dieu doit être loué. N'oubliez jamais de le louer et de l'adorer indépendamment de la situation. Et parfois il vous suffira de le louer et les solutions arriveront d'elles-mêmes. Il faut louer Dieu pendant la saison et hors saison. Il le mérite. Il était là avant les défis et sera aussi là après eux. Il va être avec nous tant qu'ils dureront et Il va continuer à être Dieu après. Il y a quatre choses fondamentales que vous devrez toujours faire pour entretenir votre relation avec Dieu, vaincre votre ennemi et réaliser votre destiné divine.

LA PRIÈRE, LA LOUANGE, LE MOT, LA SAINTETÉ. Si vous les respectez, mes amis, vous serez toujours victorieux. C'est pourquoi Néhémie essuya ses larmes et l'appela « grand et redoutable .» Merci Jésus !

Éminent

Oui notre Dieu est éminent ! Il jouit d'un pouvoir, d'une présence et d'une personnalité immenses et absolues. C'est lui qui a créé toute chose. Rien ne l'arrête ou ne le gêne. La capacité dont il fait preuve de manipuler et manœuvrer la création est énorme et sans limite. Nous devons en tout temps apprécier ce fait. Ce que Dieu ne fera pas c'est ce qu'il ne veut pas faire. Néhémie, au beau milieu de ses ennuis, l'a appelé le Dieu éminent.

Ce que je veux dire c'est que ce mot ne pouvait être prononcé que par un homme ayant été lui-même témoin de la puissance de Dieu ou ayant entendu parler de Son merveilleux travail. En effet, en tant qu'Israélite, je suis tout à fait sur que cet homme bénéficiait de la tradition orale juive légendaire ; où la transmission de l'histoire et des expériences se faisait aux enfants et aux générations suivantes.

Néhémie avait certainement eu connaissance des grands travaux, miracles et délivrances accomplis par ce grand Dieu de ses ancêtres. Il avait dû entendre l'histoire de la création. Sa présence auprès d'Abraham, d'Isaac et de Jacob, Sa faveur spéciale à l'égard des Israélites en Egypte, le passage de la Mer Rouge, le passage du Jourdain, la destruction des remparts de Jéricho après que le peuple de Dieu avait crié, les quelques défaite et exils de rois puissants, d'armées et de dieux païens sur leur chemin pour la Terre Promise, etc. Et il l'a appelé Notre Grand Dieu !

Impressionnant

Néhémie a dit que notre Dieu est redoutable. Cela veut dire qu'Il est irrésistible, merveilleux ; le Dieu qui n'a ni début ni fin. Il remplit le Ciel et la terre. On dit que le Ciel et la terre ne peuvent Le contenir. Sa voie est semblable à de nombreux tonnerres au dessus des grands océans. Sa présence provoque la crainte et la révérence et le respect, tout en même temps, et toutefois Il est constamment aimant et plein de pitié. Mon Dieu ! En effet, personne ne l'a vraiment totalement compris. Tout le monde parle de lui ou le décrit à partir de la révélation qu'on lui a permis d'avoir de Lui. Tout cela est vrai. Vous avez entendu Jean se donner beaucoup de mal pour Le décrire, Son trône et ses opérations dans l'*Apocalypse*. Mais est-ce que cela a véritablement eu lieu ? Peut-être partiellement. Mais il a vu et entendu tellement de choses qu'il ne pouvait pas humainement décoder ou interpréter. Ecoutez-le au tout début de sa rencontre :

« Quand je le vis, je tombai à ses pieds comme mort, mais il posa sur moi sa main droite, en disant : 'Ne crains pas. Moi je suis le Premier et le Dernier, le Vivant : j'étais mort et me voilà vivant pour les siècles des siècles ; je détiens les clés de la mort et du séjour des morts »

Apocalypse, 1.17-18

Je t'adore SEIGNEUR ! Vision imposante ! Revenez sur vos pas et lisez ce qui a suscité la chute de Jean. Notre Dieu est redoutable ! En effet, par le biais de cette grande révélation, l'esprit de Dieu a dû accompagner et interpréter la plupart des choses que l'on montrait à Jean. Il est vraiment un Dieu impressionnant ! Comment le percevez-vous ? Comment le voyez-vous-même dans votre situation actuelle ? Comment l'appelez-vous ? Votre révélation, votre compréhension, bonne appréciation de Lui vont déterminer votre succès. Néhémie l'a appelé « le grand et impressionnant Dieu ! »

Il respecte Son alliance

Chapitre quatre

Il respecte son alliance

« (…) qui garde l'alliance et la fidélité à ceux qui l'aiment et observent ses commandements, »
Livre de Néhémie, 1.5b

Le succès ; un bon et véritable succès dépend des engagements. Si l'on accepte les principes que l'on a posés dans le chapitre précédent, à savoir que tout ce qu'on va pouvoir obtenir sur terre va dépendre de ce que le Ciel au-dessus de nous va nous concéder, il convient de faire tout ce qui est en notre pouvoir pour plaire au Ciel. Et cela veut dire obéir à Dieu et respecter sa parole (alliance). Tout cela est vrai. Un succès divin a lieu lorsqu'on respecte les lois divines. En effet, le véritable succès ne peut venir que de Dieu. Tandis que j'écrivais ces mots, un de mes amis qui appartient à une famille très en vue encourageait les gens à adorer un esprit démoniaque, soutenant que c'était l'esprit qui allait leur donner l'aisance et la chance. Pouvez-vous imaginer une chose pareille ? J'étais hors de moi. Je l'ai immédiatement corrigé en lui disant qu'il faisait fausse route, et que les véritables richesses et bénédictions ne peuvent provenir que de Dieu qui a créé le Ciel et la Terre. Tout cela est indéniable !

Ceci dit, je comprends comment il en était arrivé à faire cette affirmation. Il est vrai que quelques une de ces personnes très riches servent Satan pour obtenir ce qu'elles qualifient de « richesses » et malheureusement leurs enfants sont maintenant englués, car ils croient que c'est la bonne façon de procéder. Tout ce qu'on peut obtenir par le biais de Satan, de l'occultisme, de la corruption, etc., n'est pas vrai, n'est pas réel, et ne dure pas éternellement. Certains d'entre eux se sont inclinés devant des démons pour acquérir ce qu'ils possèdent aujourd'hui. Mais réfléchissez un peu à ce que Jésus dit à Satan quand ce dernier vint le tenter dans le désert. Satan lui ordonna de s'incliner devant lui et de l'adorer après quoi il donnerait à Jésus toutes les richesses et la gloire du monde. Mais que fit le SEIGNEUR ? Il rétorqua immédiatement au Diable : « Arrière, Satan !» Jésus lui dit : « car il est écrit : C'est le Seigneur ton Dieu que tu adoreras et à lui seul tu rendras un culte » (*Évangile selon saint Matthieu*, 4,10).

Ainsi donc il y a les « richesses » et la gloire du monde de Satan qui nous conduisent à un asservissement physique et spirituel, à la douleur et à la peine et à la destruction éternelle et il y a également les véritables richesses qui nous viennent de Dieu, le créateur du Ciel et de la terre ; celui qui détient toutes les richesses et la gloire. Lorsqu'on obtient quoi que ce soit de Satan il faut se préparer à endurer des peines ici bas et pour l'éternité ; car il ne concède jamais de véritable dons gratuits. Il se sert de ces éphémères choses du monde pour s'assurer que vous serez obligés de le suivre en enfer. Il est condamné et il s'efforce d'entraîner autrui à sa suite. Croyez-moi, Satan n'est prêt à vous concéder la « gloire » dans ce monde uniquement en échange de votre âme. Votre âme est très importante pour lui. Cela est très vrai. Je vous recommande de vous procurer mes deux ouvrages intitulés *Breaking Generational Curses : Claiming Your Freedom* et *Midnight Prayer* si vous voulez en apprendre davantage à ce propos. Vous m'excuserez si je me suis écarté de mon propos. Mais revenons à notre sujet principal – un succès incroyable.

Les alliances qui procurent du succès

Dieu n'a jamais dissimulé Son intention de faire en sorte que les hommes aient du succès sur terre. Vous vous souvenez que dès le début il leur a recommandé d'aller et de se multiplier, de peupler la terre et de la soumettre, de réaliser la volonté de Dieu et de prendre le contrôle sur tout. C'est exactement ce qu'on entend lorsqu'on parle de succès. Adam et Eve ont reçu le matériel nécessaire, l'habilité et l'autorité pour réussir toutes ces choses, mais ils ont choisi d'échouer. En effet, le succès est le résultat des choix que l'on faits dans la vie ou au moyen d'un projet. Ce premier couple a choisi l'échec. Et qu'est-ce qui a provoqué ce résultat ? Ils ont désobéi à Dieu !

Le non respect du plan et des instructions de Dieu par un individu a donné lieu à de multiples conséquences désagréables pour les hommes et pour toute la création. Toute la création a été corrompue par le péché, la souffrance, l'échec, la sécheresse, la dureté, le labeur, la maladie et la mort. A l'origine, les hommes et toute la création avaient été bons, parfaits et excellents. En effet, les hommes ne devaient pas souffrir, tomber malades ou mourir. Mais la chute a été la cause de tout ça. Le parfait succès de la création a été interrompu.

Plan B

Maintenant Dieu a un plan B qui consiste à racheter les hommes des conséquences négatives de la chute, dont l'échec fait partie. Dès l'Eden il avait prévu de racheter les hommes. D'ailleurs, c'est pour cette raison que la parole de Dieu affirmait que Jésus est un agneau qui a été sacrifié bien avant la fondation du monde. Pensez-vous vraiment que quelque-chose, une situation ou le Diable aurait pu prendre Dieu par surprise ? C'est impossible ! Dieu savait ce qui allait se passer même avant que ça se produise et s'y était préparé comme il convient. Mais nous ne pouvons approfondir ce sujet ici. Je vous en prie tenons-nous en à notre sujet principal, c'est-à-dire comment avoir du succès.

Abraham fait son entrée

L'action qui a permis aux hommes de retourner à son état originel de succès a véritablement été mis en place par la rencontre et l'engagement entre Abraham et Dieu dans le livre de la Genèse.

Lorsque Dieu s'adressa a lui il lui dit clairement qu'il allait obtenir une grande réussite. Lisons ce passage :

« Le Seigneur dit à Abraham : 'Quitte ton pays, ta parenté et la maison de ton père, et vas vers le pays que je te montrerai. Je ferai de toi une grande nation, <u>je te bénirai, je rendrai grand ton nom, et tu deviendras une bénédiction.</u> Je bénirai ceux qui te béniront ; celui qui te maudira, je le réprouverai. En toi seront bénies toutes les familles de la terre'. »

Livre de la Genèse, 12, 1-3

C'est incroyable ! C'est un véritable succès ! Oui, ce niveau de réalisation peut uniquement être le fruit d'une alliance. Nous allons maintenant nous efforcer d'examiner cette affirmation dans le détail. Premièrement Abraham était une personne relativement peu connue pour qui les choses n'allaient pas très bien. Il traversait une période difficile. Il venait de perdre son frère et son père qui l'amenait avec sa femme et un neveu à Canaan à la recherche d'un « pâturage plus vert » était mort lui aussi en chemin. Pendant ce temps, l'union d'Abraham n'avait pas donné lieu à une descendance. Ainsi donc, rien n'allait véritablement bien pour lui.

Ainsi donc c'est dans cette situation que Dieu lui apparut soudain et lui dit de se rendre immédiatement au lieu où il lui apparaitrait. Dieu lui envoya également ce que je qualifie des bénédictions les plus grandes qui aient été promises aux hommes. Mais cette alliance était accompagnée d'une condition, à savoir l'obéissance. Il fallait qu'il quitte l'endroit où il vivait pour se rendre là où Dieu voulait qu'il soit. Nous reviendrons là-dessus lorsque nous parlerons du rôle que nous jouons dans ces alliances. Mais voyons les autres.

Le père d'une grande nation

Dieu a dit à Abraham qu'il allait faire de lui le père d'une grande nation. L'avez-vous lu ? C'est cette même personne qui à l'époque ne parvenait pas à avoir d'enfants. Comment se peut-il qu'il puisse devenir le père d'une nation sans mettre au monde un premier enfant ? C'est ce que Dieu fait pour vous. Il voit, il parle, il prépare au-delà des circonstances immédiates. Certes, Abraham n'avait pas d'enfant, mais Dieu fit des plans adéquats pour qu'un enfant naisse et il voyait déjà non pas seulement les enfants d'Abraham, mais des multitudes des hommes qui finiraient par devenir une grande nation. Là où vous voyez le dénuement, le manque de rendement, Dieu voit une grande moisson et du succès ! Là où actuellement vous voyez la sécheresse, Dieu voit l'abondance des pluies à venir. C'est ça le pouvoir de l'alliance divine.

Il va vous bénir

Il a aussi dit à Abraham qu'il allait le bénir. Bénir ne veut rien dire d'autre que favoriser, approuver, exalter, promouvoir. Dieu a dit qu'il allait favoriser Abraham. C'est-à-dire qu'il allait grâce à des moyen divins et surnaturel le promouvoir. Lorsque Dieu vous bénit ou vous promeut, toute sa création va suivre. Là où d'autres échouent vous allez réussir. Là où d'autres vont périr, vous serez là et vous serez nourris. Là où d'autres disent qu'on est abattu, vous vous direz qu'on est soulevé. Lorsque que d'autres crient famine, déplorent le manque, vous crierez moisson et abondance ! C'est la fonction de la bénédiction et de la faveur divines. Les choses vont vous répondre de manière surnaturelles – contre toute attente ou règle humaine. Dieu a dit à Abraham, « Je vais te bénir ».

Il va faire votre renommée

Il a dit à Abraham qu'il ferait sa renommée. Être célèbre veut dire être célébré, être puissant et être bien connu. Ça n'a rien à voir avec le fait de se vanter, de souffler dans sa trompette ou de la ramener. Absolument pas ! Ce que Dieu dit c'est que cet homme qui jusqu'à présent était méconnu va se conformer à sa volonté, il va faire voir au monde qu'il jouit de la faveur et de la bénédiction divine. Ceux qui l'entourent vont commencer à percevoir la grâce, la main, la gloire et la puissance de Dieu au-dessus et autour d'Abraham, et ils seront obligés de le célébrer. On comprend mieux cela lorsqu'on observe ce qui est arrivé au roi Salomon. Les rois, les reines et les dirigeants de nations éloignées ont appris ce que Dieu avait fait pour lui et ils sont venus le voir de leurs propres yeux. Nous en parlerons plus loin. Cette alliance va faire d'Abraham et des autres qui en bénéficieront ces gens célèbres!

Je vous bénirai

Cette partie est très importante. On n'est pas béni tant qu'on ne devient pas une bénédiction pour les autres. Cela est très vrai. Beaucoup de gens croient que le fait d'accumuler des biens matériels et des positions les rend bénis. Il n'en est rien ! Les biens matériels et les positions qui n'ont pas été utilisés, déployés de façon adéquate et avec mesure pour bénir autrui ne représentent pas un véritable succès et vont automatiquement se retourner contre celui qui les détient. Ils peuvent même se transformer en une véritable malédiction. Vous n'êtes que le gardien de ce que vous acquérez dans cette vie, et Dieu a permis qu'il vienne à vous afin que vous puissiez être un maillon de distribution aux autres et pour son œuvre. Si, à un certain moment, vous oubliez cela, c'est la fin. En réalité nous n'avons rien dans cette vie, et c'est pour ça que nous naissons nus et que nous nous en allons nus. Abraham va véritablement être béni, mais il faut qu'il sache qu'il a été béni pour bénir autrui.

Je vais bénir ceux qui te bénissent

La bénédiction divine que Dieu a instituée au moyen de son alliance ne va pas concerner uniquement une génération mais va être contagieuse et *autoréciproque*. Cela veut dire que vos enfants et vos descendants vont en bénéficier. Ceux qui vivent, s'associent où ont des contacts avec vous seront infectés par elle et ceux qui vous aiment, vous aident et vous bénissent seront également bénis. C'est merveilleux ! Mère de toutes les bénédictions ! C'est pourquoi toute personne dotée de discernement fait tout son possible pour bénir une personne qui a été bénie de Dieu. Mais les idiots ne le comprennent pas. En effet, la voie la plus rapide pour obtenir le succès et la délivrance est de bénir un homme/une femme que Dieu a béni. Et les bases/le secret se trouve justement là. Dieu a dit que ceux qui béniront Abraham (ses enfants, ses descendants, Israël et vous) seront bénis. Et ceux qui bêtement maudissent, déshonorent, maltraitent, travaillent contre eux seront récompensés de la même monnaie. C'est selon Sa Parole !

Ainsi, après que Dieu avait fait ces déclarations, Abraham obéit et l'alliance prit immédiatement effet. Partout où il allait tout ce qu'il touchait devenait réussite. L'aspect protecteur s'est lui aussi manifesté. Regardez ce qu'il advint lorsqu'il se rendit en Egypte avec Sarah. Le roi égyptien prit Sarah, et Dieu envoya immédiatement une terrible plaie sur sa maison, raison pour laquelle il supplia presque Abraham de reprendre sa femme et de quitter le pays.

Les alliances attirent le succès, la faveur, la protection, etc. Abraham devint très riche, célèbre et puissant grâce à cette alliance divine. Il l'emporta sur ses ennemis. L'aridité de sa famille fut interrompue. Il eut des enfants et mourut à l'âge avancé de 175 ans. En effet, la parole de Dieu disait :

« Abraham était extrêmement riche en troupeaux, en argent et en or »

Livre de la Genèse, 13,2

Ce sont les choses qu'on mesure et des biens qu'on accumule : à cette époque Abraham en était abondamment pourvu. A cette époque, le pâturage ne pouvait accueillir ses troupeaux qui croissaient de manière incroyable. Les alliances parlent et sont très puissantes ! Elles sont à l'origine du succès et l'institutionnalise lorsqu'il est attentivement suivi. Ici, comme nous l'avons dit, l'alliance de bénédiction est générationnelle. Ça ne devait pas être juste pour Abraham, mais pour ses enfants, ses descendants, les Israélites et tous ceux qui, de par leur foi, s'identifient au Dieu d'Abraham. C'est pour ça que la bénédiction a continué et est toujours active aujourd'hui. Ecoutez ça,

« (…) et Dieu lui parla ainsi : « Moi, voici l'alliance que je fais avec toi : tu deviendras le père d'une multitude de nations. Tu ne sera plus appelé du nom d'Abraham, ton nom sera Abraham, car je fais de toi le père d'une multitude de nations. Je te ferai porter des fruits à l'infini, de toi je ferai des nations, et des rois sortiront de toi !

J'établirai mon alliance entre moi et toi, et après toi avec ta descendance, de génération en génération ; ce sera une alliance éternelle ; ainsi je serai ton Dieu et le Dieu de ta descendance après toi. A toi et à ta descendance après toi je donnerai le pays où tu résides, tout le pays de Canaan, en propriété perpétuelle, et je serai leur Dieu. »**

Livre de la Genèse, 17, 3-8

C'est ça ! Cette belle alliance arrive jusqu'à nous, jusqu'à nos enfants et à tous ceux qui ont foi dans le Dieu d'Abraham, notre Dieu. C'est grâce à la graine d'Abraham par descendance et par foi ! Pour nous !

Isaac

Jetons maintenant un coup d'œil à la descendance immédiate d'Abraham. L'alliance de succès continua à fonctionner pour lui-même même après que son père l'avait quitté. Petit à petit elle avait même été améliorée sur lui. Elle était plus puissante. En effet, la Bible dit qu'Abraham avait été richement béni, mais que s'agissant de son fils Isaac, les richesses furent littéralement déversées sur lui. C'est-à-dire qu'elles ont plu à verse sur lui. Regardez le passage qui suit :

« Après la mort d'Abraham, Dieu bénit son fils Isaac qui habitait près du puits de Lahaï-Roï. »

Livre de la Genèse, 25, 11

Avez-vous vu ça ? Les bénédictions pleuvaient, inondaient Isaac ! Même lorsqu'il y avait de la sécheresse partout sur terre, la même année Isaac semait et moissonnait une centaine de champs ! Les alliances vous permettent de moissonner même en période de sécheresse. C'est vrai. Lorsque d'autres pleurent, vous vous vous réjouirez. Les alliances divines ne respectent pas les saisons. Elles ne demandent qu'à s'accomplir comme cela a été programmé à n'importe quel moment. Elles ne dépendent pas des saisons. Lorsque les autres perdent, vous vous gagnerez. Regardez à nouveau comment plus loin la Bible parle de l'expérience d'Isaac :

« Isaac fit des semailles sur cette terre et récolta, cette année-là, le centuple. Le SEIGNEUR le bénit, et <u>Isaac devint un personnage important, de plus en plus important, jusqu'à devenir vraiment très important.</u> Il avait un troupeau de petit bétail, un troupeau de gros bétail et de nombreux serviteurs. Aussi les Philistins en furent-ils jaloux .»

Livre de la Genèse, 26, 12-14

Votre bien-être et votre succès vont continuer d'augmenter au nom de Jésus ! A partir du moment où vous bénéficierez de la faveur du Ciel, vous ne pourrez que progresser. L'onction de l'expansion va vous assaillir immédiatement. Il pleuvait littéralement sur Isaac. Une fois qu'il a été déclenché par les voies divines rien ni personne ne peut l'arrêter. Il ne peut que continuer à augmenter. Un homme chrétien très aisé m'avait confié qu'il ne parvenait pas à s'expliquer pourquoi ses affaires continuaient à progresser, sans qu'il soit maître de la situation. Cela veut dire que l'expansion est exceptionnelle. C'est sensationnel ! Le véritable succès vient de Dieu !

Le roi Abimélek et les Philistins qui avaient persécuté Isaac continuaient à être conscients du fait que la main de Dieu était avec lui. Ainsi il vinrent conclure un traité avec Isaac en raison de la bénédiction divine (faveur) qu'ils percevaient en lui. Le monde va voir et reconnaître la faveur de Dieu à votre égard ! On viendra de toutes parts sur la terre pour voir ce que le SEIGNEUR a accompli dans votre vie. Les bénédictions ont des degrés. Lisez ce qui suit :

Abimélek, accompagné d'Ahouzzath, un de ses proches et de Pikol, le chef de son armée, sortit de Guérar pour aller rencontrer Isaac. Celui-ci leur dit : 'Pourquoi êtes-vous venus vers moi, alors que vous me détestez et m'avez renvoyé de chez vous ?

Ils répondirent : '<u>Nous avons bien du constater que le Seigneur est avec toi, et nous avons dit : Qu'un même serment nous unisse, nous et tyoi, et nous conclurons ensemble une alliance</u> : tu ne nous feras pas de mal, de même que nous ne t'avons pas frappé, et que nous t'avons uniquement fait du bien et renvoyé en paix. <u>A présent, tu es béni du Seigneur</u>' »

Livre de la Genèse, 26, 26-29

C'est sensationnel ! Dieu peut vous bénir de façon à ce que même vos ennemis et vos concurrents vont être obligés de se soumettre à vous ou de rechercher votre faveur. Ce type était véritablement béni. Vous voyez ce que nous disions. Le succès divin est un succès continu. Il commence par l'aisance, la gloire, la grâce, la faveur et la protection.

Comme je comprends ces principes, je prie toujours pour que mes enfants soient meilleurs et plus puissants que moi. Ça va d'une génération à l'autre. Quand je pose mes mains sur mes enfants je demande toujours à Dieu de les rendre plus puissants que moi. C'est comme ça que ça marche. Exactement, comme cela s'est passé avec Abraham et Isaac, et de même avec Jacob. Ce sont les ancêtres de cette alliance de succès. Dieu dit qu'il sera toujours connu, pour l'éternité, comme le Dieu d'Abraham, Isaac et Jacob. Cela veut juste dire le Dieu qui ne peut enfreindre l'alliance qu'il a conclue. Mais continuons si vous le voulez bien.

Jacob

Voici maintenant l'héritier suivant de cette alliance, à savoir Jacob. Bien qu'il fut nettement inférieur à son père et à son grand-père, l'alliance ne voulait pas qu'il en soit ainsi. Il trompa son frère, s'échappa de chez lui, mais la main divine continua à le suivre tant qu'il n'eut pas réussi à se réaliser. Vous vous souvenez quand Dieu le rencontra lors de sa fuite vers Haran, il arriva à un endroit qu'il appela par la suite Béthel, désespéré et épuisé, il essaya de dormir et Dieu lui parla :

« (…) Je suis le Seigneur, le Dieu d'Abraham ton père, le Dieu d'Isaac (…) <u>Voici que je suis avec toi ; je te garderai partout où tu iras, et je te ramènerai sur cette terre ; car je ne t'abandonnerai pas avant d'avoir accompli ce que je t'ai dit</u> »

Livre de la Genèse, 28, 13-15

En effet, peu importe où vous vous trouvez, peu importe la situation dans laquelle vous vous trouvez, l'alliance va vous suivre. Elle vous colle à la peau. Jacob était simplement en train de s'enfuir pour survivre, mais Dieu avait quelque chose de plus grand pour lui et qui était contenu dans son ADN. Compte tenu de la situation et de l'incertitude concernant son avenir, il n'en était plus sûr, mais Yahvé qui n'oublie ni ne déçoit, est tout de même venu pour déclarer que l'accord qu'Il avait passé avec son grand-père et son père était toujours valable ! En effet, il est toujours valable et il va se réaliser ! La parole de Dieu sur votre vie va véritablement se réaliser !

La main divine l'amena trouver Laban. Vous allez trouver ce que vous cherchez ! Il le fit prospérer. Il épousa la fille de cet homme et fut employé par son beau-père. Dieu fit prospérer Laban en raison de la présence de Jacob. En effet, cet homme le lui avoua sincèrement lorsque Jacob lui apprit qu'il allait partir. Voici ce que dit Laban :

« Que je puisse trouver grâce à tes yeux ! J'ai appris par divination que le SEIGNEUR m'a béni à cause de toi »

Livre de la Genèse, 30, 27

Jacob n'était pas seulement béni, mais sa présence attirait également des bénédictions divines et de la prospérité à ceux qui l'entouraient. C'est exactement ce que produit la présence d'une personne bénie. Ses saluts, ses pensées et ses prières ont le même effet. C'est pourquoi vous devez vous efforcer de bien la traiter. C'est très vrai. Si vous bénissez cette personne, vous serez bénis. Si vous la maudissez vous pouvez être sûrs que vous serez maudits. Il vous suffira de constamment la bénir en pensées, dans vos paroles et à travers vos actions. Cela est vrai.

Jacob était grandement béni dans tous les domaines. Même lorsque Laban et ses enfants sont devenus jaloux, irrités et agressifs, manipulateurs et essayaient de le déposséder, cela n'a rien changé. Dieu a continué à le bénir. Plus on le persécutait et plus il progressait ! Mon Dieu ! Ce Dieu ne changera jamais ! Regardez le passage ci-dessous :

« Ainsi l'homme déborda de richesses : il posséda du petit bétail en grand nombre, et des servantes, des serviteurs, des chameaux, des ânes »

Livre de la Genèse, 30, 43

Mais écoutez directement ce qu'il dit :

« (…) je n'avais que mon bâton quand j'ai traversé ce Jourdain, et maintenant je suis à la tête de deux camps ! »

Livre de la Genèse, 32,10

Louange à Dieu ! C'est ça ! De rien à la grandeur ! Il retourna à la terre de son père avec sa famille en foule. C'était la personne qui fuyait pour avoir la vie sauve, traumatisé, déprimé, humilié, affamé, etc. Maintenant il revient ayant remporté des succès sur tous les plan. Seule l'alliance avec Dieu peut donner ce résultat.

Cet accord divin nous est aussi accessible aujourd'hui. Cette alliance nous englobe. Dieu a dit qu'elle serait pour les descendants d'Abraham pour l'éternité ! Et la parole de Dieu affirme clairement que nous sommes ses enfants de par notre foi. Il en découle que toutes les bénédictions d'Abraham sont aussi les nôtres. Ce sont les vôtres ! Louange à Dieu ! Si vous arrivez à la conclure, vous aussi aurez beaucoup de succès comme Abraham, Isaac et Jacob. Mais votre foi et votre obéissance sont aussi nécessaires si vous voulez l'obtenir pleinement. En effet, la foi et l'obéissance vont de pair, si l'on veut obtenir le succès.

L'obéissance

Abraham a obtenu le succès ; il s'est vu accorder toutes ces promesses et réalisations car il a immédiatement et sincèrement obéi à Dieu. Lorsqu'on lui a ordonné de quitter la maison de son père, l'endroit où il vivait et son peuple, il a simplement obéi sans répliquer ou chercher à comprendre. Lorsqu'on lui a ordonné de scarifier son fils, il a obéi sans poser de questions. Il s'est donné entièrement à Dieu, et Dieu lui a donné le succès. En effet, lorsqu'il a obéi, acceptant de « sacrifier » son fils, Dieu a immédiatement été stimulé à s'engager envers lui par serment. En effet, l'obéissance inconditionnelle peut amener Dieu a faire des kilomètres pour apporter Sa parole dans votre vie future. L'obéissance est la clé de tout.   Voyez ce qui est arrivé à Moriah avant son obéissance historique :

« Du ciel, l'ange du Seigneur appela une seconde fois Abraham. Il déclara : 'Je le jure par moi-même, oracle du Seigneur : parce que tu as fait cela, parce que tu ne m'as pas refusé ton fils, ton unique, je te comblerai de bénédictions, je rendrai ta descendance aussi nombreuse que les étoiles du ciel et que le sable au bord de la mer, et ta descendance occupera les places fortes de ses ennemis. <u>Puisque tu as écouté ma voix,</u> toutes les nations de la terre s'adresseront l'une à l'autre la bénédiction par le nom de ta descendance.' »

Livre de la Genèse, 22, 15-18

Le pouvoir de l'obéissance ! Avez-vous remarqué quelque-chose ici ?/Vous n'avez pas remarqué quelque-chose ici ? La promesse de l'alliance s'est étendue et est également devenue plus complexe. Dans la version initiale (Genèse, 12) il n'y avait pas de d'engagement, on ne prêtait pas serment, pas de conquête d'ennemis et d'étoiles et de sable au bord de la mer. Tout cela a été insufflé pour « raffiner » l'alliance en raison de l'obéissance d'Abraham. Notre obéissance totale renforce, consolide, illumine, adoucit et parfois augmente et resserre la promesse faite par Dieu concernant nos vies. Plus votre obéissance sera sincère et plus vous obtiendrez de succès. Isaac et Jacob pratiquaient eux aussi l'obéissance.

Quand il y a eu des famines et que Dieu a mis en garde Isaac, lui disant de ne pas se rendre en Egypte, mais de rester à Gerar, il a obéi. Et la même année, dans le même pays, il a semé et moissonné des centaines de champs. L'obéissance est la clé du succès. De la même manière, après sa rencontre divine à Béthel, Jacob est devenu très spirituel et obéissant. Il a commencé à écouter Dieu. Il a commencé à tenir compte de Dieu. En effet, il était bon qu'il le fasse. Vous souvenez-vous de cette déclaration mémorable après qu'il a reçu cette grande révélation et l'assurance divine à Béthel :

« Alors Jacob prononça ce vœu : 'Si Dieu est avec moi, s'il me garde sur le chemin où je marche, s'il me donne du pain pour manger et des vêtements pour me couvrir, et si je reviens sain et sauf à la maison de mon père, le SEIGNEUR sera mon Dieu. Cette pierre dont j'ai fait une stèle sera la maison de Dieu. De tout ce que tu me donneras, je prélèverai la dîme pour toi'. »

Livre de la Genèse, 28, 20-22

Avez-vous-vu ça ? Cet homme avait littéralement été transformé par la rencontre d'un soir. Louange à toi mon Dieu ! Il était maintenant prêt à se soumettre à Lui. Il était maintenant prêt à abandonner la sagesse humaine, la manipulation et la tricherie. Nous devons revenir à l'obéissance totale à la parole et à la conduite de Dieu si nous voulons réussir. Il faut que nous trouvions tout ce que la Bible nous dit de faire. Que dit la Bible à propos de la sainteté ? Concernant le don ? Concernant le paiement de la dîme ? Concernant le fait d'aider les autres ? Concernant le fait d'investir dans ce qui appartient à Dieu ? Il nous faut trouver tout cela et obéir. Notre succès en dépend. Lorsqu'on donne, on reçoit. Lorsqu'on paie la dîme, les fenêtres du ciel s'ouvrent à nous et les dévoreurs sont réprimandés en votre nom. Telle est la parole de Dieu !

Le fruit de l'obéissance

Lorsqu'on obéit à Dieu on commence tout de suite à récolter des fruits. Regardez un peu ce qui est arrivé quand Jésus a utilisé la barque de Simon pour prêcher. Après le message, le SEIGNEUR a ordonné à Simon de lancer ses filets au large. Les hommes qui n'avaient rien pris pendant toute la nuit et étaient en train de laver les filets pour rentrer chez eux avaient tout plein d'excuses à opposer à Jésus pour ne pas le faire. Mais Dieu merci à la fin ils ont obéi, et le résultat a été grandiose ! Pour avoir obéi au Seigneur, il avait une prise qui avait failli briser ses filets et qui remplissait leurs deux barques au point qu'ils avaient eu besoin de l'aide des autres pour la rapporter. L'obéissance provoque des résultats qui vont « briser vos filets ». Elle transforme une nuit de labeur en une aube d'incroyable prise miraculeuse.

Mais revenons à Néhémie, il connaissait la puissance des dispositions de l'alliance de Dieu et a décidé de les invoquer ici. Il a dit que Dieu respecte l'alliance d'amour inépuisable avec ceux qui l'aiment et qui obéissent à ses commandements. Tout cela est vrai !

Écoute ma prière

Chapitre Cinq
Écoute ma prière

Néhémie, après qu'il a invoqué l'alliance avec Dieu, l'implore de le laisser écouter ses prières. En effet, nous ne pouvons pas nous passer de prières, si nous voulons vraiment réussir. Dans ce cas la prière consiste simplement à demander à Dieu de vous aider. Or vous savez déjà que les Psalmistes ont dit que si Dieu ne construit pas une ville, les constructeurs vont travailler en vain. C'est vrai. Si Dieu ne vous aide pas. Sans l'aide de Dieu, tous vos efforts pour obtenir du succès et des réalisations seront vains. La parole de Dieu est très claire : avancement, ouvertures, les faveurs ne viennent que de Lui. C'est pourquoi nous devons toujours Lui faire confiance pour qu'il nous ouvre ses portes et nous soutienne, et c'est ce que représente la prière. Les prières font ce que vous-même vous ne pouvez pas faire. En outre, elles stimulent, accroissent, fertilisent et couronnent vos efforts.

Néhémie savait tout ça. Il savait qu'il avait besoin de la main et de l'aide de Dieu dans ce projet et gardait toute modestie. Il savait que, sans Dieu, sa mission serait impossible. Voici ce qu'il nous dit/Écoutez-le :

« que ton oreille soit attentive, et tes yeux ouverts, pour écouter la prière de ton serviteur. Aujourd'hui, devant ta face je prie jour et nuit pour les fils d'Israël, tes serviteurs : je confesse les péchés des fils d'Israël, nos péchés contre toi ; moi-même et la maison de mon père, nous avons péché (…) Souviens-toi de la parole que Moise ton serviteur a prononcée sur ton ordre : 'Si vous êtes infidèles, moi je vous disperserai parmi les peuples ; mais si vous revenez à moi, si vous observez mes commandements et les mettez en pratique, quand bien même certains auraient été chassés jusqu'à l'extrémité des cieux, je les en rassemblerai et les ramènerai au Lieu que j'ai choisi pour y faire habiter mon Nom. »

Livre de Néhémie, 1, 6-9

Peu importe combien votre situation est mauvaise, la prière va la racheter. Vous voyez combien de temps cet homme a mis pour rappeler sa promesse à Dieu. Avez-vous remarqué que cette pratique est commune parmi les grands hommes de Dieu dans la Bible ? Ils prennent leur temps pour arranger les choses avec Dieu. Tout ça est très instructif. Lorsque nous passons plus de temps à prier, tous les efforts que nous faisons produisent un maximum de résultats. C'est ce que la plupart des gens ne réalisent pas. Plus on passe de temps devant Dieu et moins on devra faire d'efforts pour obtenir le rendement maximum souhaité.

Avez-vous prié à propos de ce projet ? Avez-vous demandé sa bénédiction à Dieu ? Avez-vous fait une percée dans votre esprit ? Vous vous souvenez, précédemment nous avons souligné le fait que l'esprit contrôle le physique. Tout ce que vous obtiendrez par votre physique doit d'abord vous êtes accordé dans votre esprit. Il faut que votre esprit réussisse si vous voulez réussir physiquement. C'est vrai. Néhémie a prié, il a jeûné, pleuré, porté le deuil et il en a parlé avec Dieu. Il a canalisé la promesse de Dieu et Lui a donné les raisons pour lesquelles Il devait soutenir son projet – **Opération de reconstruction de Jérusalem**. Tous les projets que vous obtenez en vous agenouillant deviendront automatiquement des succès.

Maintenant, avant de continuer mon développement il y a des choses que je dois souligner. Néhémie a commencé à prier dès la conception de son projet. Il n'a pas attendu de commencer à avoir des difficultés pour s'adresser à Dieu, absolument pas. Il a prié au début et pendant les différentes phases de son projet. Il a continué à prier tant que le travail n'a pas été achevé. Il ne s'est pas arrêté. Même lorsqu'il évoquait son projet devant le roi, il était en mode prière. Cela est vrai. Écoutez donc ça :

« **La vingtième année du règne d'Artaxerxès, au mois de Nissane, je présentai le vin et l'offris au roi. Je n'avais pas montré de tristesse devant lui, mais ce jour-là le roi me dit : 'Pourquoi ce visage triste ? Tu n'es pourtant pas malade ! Tu as donc du chagrin ?'**

Rempli de crainte, je répondis : 'Que le roi vive toujours ! Comment n'aurais-je pas l'air triste, quand la ville où sont enterrés mes pères a été dévastées, et ses portes, dévorées par le feu ?'

Le roi me dit alors : 'Que veux-tu donc me demander ?' <u>Je fis une prière au Dieu du ciel, et je répondis au roi</u> : 'Si tel est le bon plaisir du roi, et si tu es satisfait de ton serviteur, laisse-moi aller en Juda, dans la ville où sont enterrés mes pères, et je la rebâtirai.' »

Livre de Néhémie, 2, 1-5

Pouvez-vous faire mieux ? Certains hommes sont vraiment grands ! En effet il a prié tout au long de sa mission. Il n'y a rien d'étonnant à ce qu'il ait réussi. Regardez ça : « Je fis une prière au Dieu du ciel et je répondis au roi ». C'est ce que j'appelle une prière qu'on respire. Vous ne faites pas de bruit, vous ne représentez pas une gêne. Absolument pas ! Mais dans votre cœur, dans votre esprit vous vous connectez à Lui. C'est également ce que vivre/marcher dans l'esprit veut dire – être solidement connecté au Dieu du ciel. Néhémie priait sans cesse afin que Dieu bénisse son projet. Il y a des moments où il faut marmonner, murmurer, gémir, rayonner, émettre, parler, crier et répéter sa prière. Cela dépend de ce qui vous entoure et de la situation. Mais ce qui est fondamental c'est de rester connecté. La prière provoque le succès.

On ne trouve personne dans la Bible qui a réussi sans prier et sans s'en remettre à Dieu. Cela est très vrai. Je ne prétends pas discuter de tout ça ici, mais je vais me limiter à mentionner quelques exemples qui illustrent notre propos. Allons-y :

Jésus

Examinons notre SEIGNEUR Jésus Christ. Il a été capable de parfaitement réussir dans Sa mission en se servant de la prière. Il priait tout le temps. En effet, j'ai découvert qu'Il se retirait tout le temps dans la montagne pour prier, surtout la nuit. Il priait chaque jour pour le succès de Son ministère et de sa mission. Procurez-vous donc mes ouvrages intitulé *Power of Midnight Prayer* et *Prayer of Jehoshaphat*. Ils déclencheront immédiatement l'esprit de la prière en vous. Les grands hommes et femmes respirent la prière.

Le serviteur d'Abraham

Je peux voir un parfait exemple de ce que nous nous efforçons d'expliquer ici. Vous vous souvenez lorsque Abraham a envoyé son domestique chercher une femme pour Isaac au sein de son peuple ? Cette tâche ne semblait pas facile et devait être accomplie dans un pays très lointain. La mission avait été confiée et acceptée sous serment. La mission devait être accomplie ! Elle devait être couronnée de succès !

Mais Dieu merci ce domestique connaissait le Dieu d'Abraham et la puissance de la prière. Ce que vous connaissez et utilisez peut tout changer dans des moments délicats. Lorsqu'il arriva au village où on l'avait envoyé, avant de faire quoi que ce soit d'autre, il décida de prier. Il savait que seul Dieu pouvait lui permettre d'accomplir sa mission :

« Il dit : 'Seigneur, Dieu de mon maitre Abraham, <u>permets-moi de faire aujourd'hui une heureuse rencontre et montre ta faveur à l'égard de mon maitre Abraham.</u> Me voici debout près de la source, et les filles des gens de la ville sortent pour puiser de l'eau. La jeune fille à qui je dirai : 'Incline ta cruche pour que je boive', et qui répondra : 'Bois et je vais aussi abreuver tes chameaux', que cette jeune fille soit celle que tu destines à ton serviteur Isaac : je saurai ainsi que tu as montré ta faveur à l'égard de mon maître.'

<u>Il n'avait pas fini de parler que sortit Rébecca, la fille de Bétrouël, fils de Milka, elle-même femme de Nahor, le frère d'Abraham ; elle portait une cruche sur l'épaule.</u> La jeune fille avait très belle apparence, elle était vierge, aucun homme ne s'était uni à elle. Elle descendit à la source, emplit sa cruche et remonta. Le serviteur courut à sa rencontre et dit : 'De grâce, donne-moi à boire une gorgée d'eau de ta cruche !

Elle répondit : 'Bois, mon seigneur.' Et, de sa main, elle s'empressa d'abaisser la cruche pour lui donner à boire. Quand elle eut fini de lui donner à boire, elle dit : 'Pour tes chameaux aussi, j'irai puiser jusqu'à ce qu'ils aient bu à satiété (…)'

Mais le serviteur leur dit : 'Ne me retardez pas. <u>Le SEIGNEUR a fait réussir mon voyage.</u> Laissez-moi retourner et j'irai chez mon maître' »

Livre de la Genèse, 24, 12-20, 56

Un projet couronné de succès ! C'est vraiment une *mission accomplie* ! Dieu répond véritablement aux prières. C'est ainsi que se termine toute vision qui voit le jour avec la prière et est nourrie par elle. Écoutez cette déclaration faite par le domestique : « Le SEIGNEUR a fait réussir mon voyage ». Je l'adore. Ça devra aussi être votre témoignage lorsque vous porterez à bien votre projet avec Dieu au nom de Jésus tout puissant ! La prière coordonne tous nos efforts et les unit pour accomplir les objectifs que nous nous sommes fixés. La prière renforce ce que nous pouvons faire et accomplit aussi ce que nous ne pouvons faire.

L'homme le plus riche et le plus sage ayant jamais vécu, à savoir Salomon, était un homme de prière. L'homme le plus puissant, Samson était un homme de prière et aussi David, le roi d'Israël le plus puissant et favorisé. Nous avons mentionné précédemment Jésus qui, grâce à la prière, devint l'être le plus puissant de tout l'univers. Indiquez-moi n'importe quel homme ou femme vraiment puissant et je vous en montrerai un qui n'oublie jamais de prier. Tout cela veut simplement dire que si vous voulez réussir dans tous les domaines de votre vie, vous devez constamment prier.

Salomon

Salomon sera pour l'éternité l'homme le plus riche qui ait jamais vécu sur terre. C'est ce que Dieu a dit. Et ce fait est le résultat de son interaction avec Dieu. Après avoir effectué ce grandiose sacrifice à Gibéon, Dieu ne pouvait pas attendre et se précipita chez lui la nuit même et commença l'interaction qui allait changer la vie de Salomon pour toujours. Il s'agit certainement d'un des niveau de prière les plus élevés dans la Bible. En effet, les activités divines dans les rêves (dans l'esprit) sont plus puissantes que celles qui ont lieu lorsqu'on est pleinement conscient car dans l'esprit on est utilisé à cent pour cent pour obtenir la puissance maximum. A ce niveau là la prière est souvent supérieure et plus puissante que lorsque vous êtes pleinement conscients. Elle est généralement déclenchée, instiguée, dirigée et contrôlée par le Saint Esprit. Mais lisons l'expérience de Salomon :

« Cette nuit-là, Dieu apparut à Salomon et lui dit : 'Demande ce que je dois te donner,' Salomon répondit à Dieu : 'Tu as traité David, mon père, avec une grande fidélité, et tu m'as fait roi à sa place. À présent, Seigneur Dieu, la parole que tu as adressées à David mon père se vérifie, car c'est toi qui m'a fait roi sur un peuple aussi nombreux que la poussière de la terre. Maintenant, Seigneur, donne-moi sagesse et connaissance, pour que je sache comment me comporter à la tete de ce peuple. Qui, en effet, peut gouverner ce grand peuple qui est le tien ?'

Dieu répondit à Salomon : 'Puisque c'est cela que tu as pris à cœur et que tu ne m'as demandé ni richesse, ni biens, ni gloire, ni la vie de tes ennemis, puisque tu ne m'as pas demandé non plus de longs jours, mais que tu as demandé pour toi sagesse et connaissance, afin de gouverner mon peuple sur lequel je te fais roi, la sagesse et la connaissance te sont données. Je te donnerai aussi la <u>richesse, les biens et la gloire, comme aucun n'en aura après toi.'</u>

Deuxième livre des Chroniques, 1, 7-12

Merveilleux ! Après cette expérience, Salomon retourna à Jérusalem et tout commença à prospérer et à se multiplier dans ses mains ! C'est exceptionnel ! les rois, les reines et les nations commencèrent à lui apporter des cadeaux, des tributs, des affaires et des faveurs. Une telle bénédiction et un tel succès ne peuvent être obtenus qu'au moyen d'une rencontre divine, la prière. La prière confère un effet supérieur à vos efforts et vos réalisations. Vos contemporains ne parviendront pas à vous égaler si vous priez. C'est le secret des gens tels que Jésus. C'est tout à fait vrai. Regardez une fois de plus la Bible. Tous les hommes et les femmes connus parce qu'ils pratiquaient la prière s'élevaient bien au-dessus de leurs contemporains. Obtenez la faveur de Dieu en vous agenouillant, et tout va vous obéir. Toutes les choses pour lesquelles vous vous battez vont se battre pour vous.

En raison de son interaction, Salomon va s'élever au dessus des rois qui ont vécu et vont vivre sur terre ! La prière attire un succès générationnel considérable ! (Vous verrez quand vous aurez lu mon ouvrage intitulé *Power of Sacrifice* qui va être publié immédiatement après celui-ci. Et maintenant voulez-vous en apprendre davantage sur les succès de cet homme ? Êtes-vous en mesure de les évaluer ? En êtes-vous sûrs ? Voyez un peu ça :

« A Jérusalem, le roi fit abonder l'argent et l'or autant que les pierres, et les cèdres autant que les sycomores dans le Bas-Pays »

Deuxième livre des Chroniques, 1,15

« En une seule année, le poids de l'or qui parvenait à Salomon était de six cent soixante-six lingots d'or, sans compter les péages des voyageurs et des commerçants. Tous les rois d'Arabie et les gouverneurs du pays apportaient de l'or et de l'argent à Salomon.

Le roi Salomon fit deux cents grands boucliers d'or battu – il utilisait six cents pièces d'or battu pour un grand bouclier – et trois cents petits boucliers d'or battu – il utilisait trois cents pièces d'or pour un petit bouclier (…)

Car le roi avait des navires qui allaient à Tarsis avec les serviteurs de Houram et, une fois tous les trois ans, les navires de Tarsis arrivaient, apportant or et argent, ivoires, singes et paons.

Le roi Salomon devint le plus grand de tous les rois de la terre en richesse et en sagesse. Tous les rois de la terre cherchaient à rencontrer Salomon face à face, pour entendre la sagesse que Dieu avait mise en son cœur. Chacun apportait son offrande : objets d'argent et objets d'or, vêtements, armes et aromates, chevaux et mulets ; et ainsi d'année en année. »

Deuxième livre des Chroniques, 9, 13-24

Le succès ! Un succès exceptionnel ! Un succès continu ! La parole de Dieu devait s'accomplir. Il était béni dans tous les domaines et il devint également une bénédiction pour autrui, pour le monde entier. Ce n'est qu'une version abrégée de la richesse de cet homme et de ses accomplissements. Nous n'avons pas parlé de son palais grandiose, le temple de Jérusalem magnifique, historique, gigantesque et revêtu d'or. Pour ne pas parler de la gigantesque armée, des équipements et des exploits. C'était un véritable succès ! Il bénéficiait de la faveur divine. Et tout ça avait été le fruit de la rencontre d'une nuit avec Dieu. Juste une nuit ! Si vous priez vous allez être bénis comme Salomon.

Samson

Mais voici le formidable Samson. Sa tâche consistait à délivrer Israël de quarante années d'esclavage sous le joug des Philistins. Il continua à accomplir son devoir, mais malheureusement il fut distrait par le monde. Par la suite il se retrouva dans une situation terrible qui menaça tout le projet et sa propre vie. En effet, il ne semblait pas y avoir de moyens de s'en sortir. Tout le projet avait dérapé. La Bible dit qu'il fut capturé, tondu, aveuglé, pris en dérision et emprisonné et condamné aux travaux forcés.

C'est comme ça que nous nous retrouvons parfois, notamment lorsque nous refusons de respecter la parole de Dieu. On se réveille et on se rend compte que, brusquement, notre projet s'est enlisé. On regarde autour de soi et il ne semble pas y avoir de possibilité de s'en sortir ou de survivre. En effet, il y a des moments où on vit ça dans son existence, ou dans la poursuite de son rêve. La plupart des gens qui réussissent le font. Peut-être vous trouvez-vous actuellement dans ce genre de situation. Écoutez-moi, vous allez vous en sortir ! Je vous ai dit que vous allez vous en sortir ! Ce projet va rebondir au nom de Jésus ! Samson était là. Dieu soit loué, après tous ces ennuis et ces épreuves, la Bible dit que **les cheveux de Samson recommencèrent à pousser** ! Et moi je vous vois vous, vos rêves et vos affaires qui recommencent à prospérer. Rien n'est encore décidé. Si vous pouvez faire ce que Samson a fait vous obtiendrez votre réalisation finale. Et qu'a-t-il fait ? Il a prié.

Lorsque il a prié, ce qui s'est produit c'est qu'il a obtenu plus de succès qu'il en avait eu pendant toute son existence. C'est le pouvoir de la prière. Oui, c'est dans votre Bible, allons-y :

« Samson dit au garçon qui le tenait par la main : 'Guide-moi et fais-moi toucher les colonnes sur lesquelles repose le temple, pour que je m'y appuie. Le temple était rempli d'hommes et de femmes. Il y avait là tous les princes des Philistins et, sur la terrasse, environ trois mille hommes et femmes qui s'étaient divertis en regardant Samson.

<u>Il invoqua le SEIGNEUR en disant : 'Je t'en prie, Seigneur Dieu, souviens-toi de moi, rends-moi ma force encore une fois</u> et que, d'un seul coup, je me venge des Philistins pour mes deux yeux. Il tâta alors les deux colonnes du milieu, sur lesquelles reposait le temple, prit appui contre l'une avec son bras droit, et contre l'autre avec son bras gauche. Il s'écria : 'Que je meure avec les Philistins !' puis il pesa de toutes ses forces, et l'édifice s'effondra sur les princes et sur tout le peuple qui se trouvait là. <u>Ceux qu'il fit mourir en mourant furent plus nombreux que ceux qu'il avait fait mourir pendant sa vie.</u> »

Livre des Juges, 16, 26-30

C'est incroyable ! Vous avez lu ce passage ? « Seigneur DIEU, souviens-toi de moi ! » Je suis toujours ému lorsque je lis ce passage. Alors que les gens (ses alliés comme ses ennemis) pensaient qu'il n'y avait plus d'espoir pour lui, à l'improviste la réalisation est arrivée ! En un seul coup, avec des limitations évidentes, il a réussi davantage que pendant toute son existence. C'est l'expérience que vous allez vivre lorsque Dieu va vous venir en aide. Et vous allez obtenir tout ça en forme, sans perdre la vue, la liberté, la beauté, vos rapports divins et votre vie. Cette partie de votre vie, de votre projet qu'on a « tondu » va commencer à repousser dès demain au nom de Jésus ! La prière va vous aider à réaliser vos objectifs, et lorsque vous déraillez ou vous vous laissez distraire, non seulement elle va vous aider à vous remettre sur le bon chemin, mais elle va aussi vous permettre d'obtenir le résultat de « la tuerie en masse ». Priez donc.

David

David était un roi très puissant. Il avait une vie et un règne très stimulants, mais en priant et en se soumettant à Dieu il a également fini sa vie comme un roi très puissant. Personne, aucun roi jusqu'à aujourd'hui n'a connu les mêmes exploits que lui. La main de Dieu était puissamment au dessus de lui. En effet, la Bible dit que vous devriez suivre les homes vertueux car ils devraient accéder à la paix. Il est vrai qu'ils peuvent traverser des périodes très difficiles, mais Dieu les délivrera toujours et les honorera toujours. Telle est sa parole !

Regardez lorsqu'il dut affronter Goliath, l'effrayant géant Philistin. Il s'agissait bien évidemment d'une mission impossible, ou pour le moins ça en avait l'air. Lorsqu'il manifesta son intérêt pour cette mission, ses frères lui dirent qu'il était un fanfaron, orgueilleux et malhonnête. Le roi Saül lui hurla : « Ne sois pas ridicule ! Il est impossible que tu combattes contre ce Philistin. Tu n'es qu'un enfant, et il a été à l'armée depuis qu'il est enfant ! » Mon Dieu ! Mais cet enfant rassembla tout son courage, remettant sa foi dans le Dieu d'Israël et priant, s'est obstiné et a tué le géant. Le grand roi David ! Vous étonnez-vous encore que je lui aie consacré un livre ? Tous les Goliath qui seront confrontés à vous seront vaincus aujourd'hui ! Goliath représente tous les obstacles qui vous empêchent d'atteindre l'apogée. Le Dieu de David est aussi votre Dieu ! Imaginez l'atmosphère suivante :

« Le Philistin se mit en marche et, précédé de son porte bouclier, approcha de David. Lorsqu'il le vit, il le regarda avec mépris car c'était un jeune garçon ; il était roux et de belle apparence. Le Philistin lui dit : 'Suis-je donc un chien, pour que tu viennes contre moi avec un bâton ?'Puis il le maudit en invoquant ses dieux. Il dit à David : 'Viens vers moi, que je te donne en pâture aux oiseaux du ciel et aux bêtes sauvages !'

David lui répondit : 'Tu viens vers moi avec épée, lance et javelot, mais moi, je viens contre toi avec le nom du Seigneur des armées, le Dieu des troupes d'Israel que tu as défié. »

Premier livre de Samuel, 17, 41-45

La prière et la soumission totale a Dieu vous ôte toute crainte. Elles vous transforment immédiatement d'humains craintifs en un êtres surnaturels, n'ayant peur de rien et invincibles. La prière va vous faire minimiser les menaces, les oppositions et les obstacles. Vous allez voir des victoires là où d'autres voient des défaites. Ça va vous faire regarder au-delà des obstacles et voir les gains, les victoires, la joie, la promotion, les récompenses et les lauriers. Vous vous souvenez que David avait d'abord demandé : « quelle sera la récompense pour celui qui tuera le géant ? » Le succès comporte toujours une récompense et des satisfaction pour ceux qui s'imposent dans les prières. Pour David, ça consistait à épouser la fille du roi et à voir toute sa famille exonérée du paiement de l'impôt.

L'eau qui sort du sol aride

Lorsque vous vous adressez à Dieu, Il fait sortir de l'eau du sol aride pour vous. Cela est vrai. En effet, il a parfois l'air sec, très sec. Vous y investissez tous vos efforts, vos ressources, vos connections et votre connaissance, et rien ne se produit. Tout devient sec et frustrant. Dieu dit qu'Il va faire sortir de l'eau de cette terre aride (projet). Oui, c'est ce qu'il a dit à dans *Le livre d'Isaïe* (43, 18-19)

« Ne faites plus mémoire des événements passés, ne songez plus aux choses d'autrefois. Voici que je fais une chose nouvelle : elle germe déjà, ne la voyez-vous pas ? <u>Oui, je vais faire passer un chemin dans le désert, des fleuves dans les lieux arides, pour désaltérer mon peuple, celui que j'ai choisi</u> »

Oui, des rivières dans le désert ! C'est la promesse de Dieu ! Et tandis que vous lisez ces mots, je demande, au très puissant nom de Jésus, aux rivières de jaillir dans vos zones désertes! Dieu est en train de faire une nouvelle chose dans votre vie. Ce projet, ce rêve, va être à arroser et à la fin réalisé ! Regardez ce qui s'est passé QUAND LES ROIS D'Israël, Juda et Edom partaient combattre Moab. Les trois armées ont parcouru le désert pendant sept jours et il n'y avait point d'eau pour les soldats et pour les bêtes. C'était un moment tragique pour ces rois et leurs troupes et ils se demandaient ce qu'il fallait faire. Dieu merci ce grand Josaphat qui craignait Dieu était avec eux. Et il leur a promptement conseillé de demander à Dieu ce qu'il fallait faire.

Maintenant je veux que vous analysiez la situation. Il n'y avait effectivement aucun espoir de survie là, dans ce désert. S'ils voulaient revenir à la ville, il leur fallait affronter encore sept jours de voyage avec des hommes et des bêtes épuisés. Pouvaient-ils y arriver ? S'ils avaient continué la bataille contre les Moabites, ils auraient subi une défaite cuisante. En même temps, s'ils étaient restés ils étaient sûrs qu'il y aurait eu beaucoup de pertes, voire qu'ils seraient tous morts. Ainsi, la situation était vraiment désespérée. Mais grâce au conseil de Josaphat, ils appelèrent Élisée. Dieu merci, il était là avec eux. Allait-il se battre avec eux ? C'est merveilleux ! A travers lui, c'est Dieu qui intervenait . Écoutez ce grand homme :

« (…) 'Maintenant, amenez-moi un musicien.' Dès que le musicien jouait, la main du Seigneur était sur Élisée. Celui-ci déclara : 'Ainsi parle le Seigneur : Creusez dans ce ravin des fosses et des fosses. <u>Car ainsi parle le Seigneur : Le vent, vous ne le verrez pas ; la pluie, vous ne la verrez pas, et pourtant l'eau remplira ce ravin</u> ; et vous boirez, vous, vos troupeaux et vos bêtes de somme. Encore est-ce trop peu aux yeux du Seigneur : il va livrer Moab entre vos mains. <u>Vous abattrez toutes les villes fortifiées'</u>, (…) Or, au matin, à l'heure de l'offrande, <u>voici que l'eau arriva par le chemin d'Édom, et la terre en fut inondée.</u>»

Deuxième livre des Rois, 3, 15-20

Dieu soit loué, il y avait de l'eau partout ! C'est ça ! Essayez de l'imaginer. Vous ne verrez aucun signe ; pas de vent, pas de pluie, mais l'eau va emplir la vallée. Mon Dieu ! Comprenez-vous maintenant pourquoi certains d'entre nous ne quitteront jamais Dieu et son monde dynamique ? Il est Le seul qui puisse faire ça. Il crée de l'eau à partir du désert ! Il l'a fait également lorsque les Israélites quittaient l'Egypte. Il a dit à Moïse de percuter la pierre pour qu'elle « vomisse » de l'eau. Vous vous souvenez, eux aussi étaient dans le désert en voyage pour la Terre Promise, mais ils arrivèrent à *Rephidim* et il n'y avait pas d'eau à boire - plus d'un million de personnes (des hommes, des femmes et des enfants, une multitude). Tout projet et tout rêve a son propre **Rephidim** – un endroit où il n'y a pas d'eau à boire. Mais il faut nous soumettre entièrement à Dieu. Nous devons nous adresser à Lui pour qu'il nous donne de l'eau. Le secret c'est la prière. Pour les Israélites l'eau est venue. Ils ont bu, se sont rafraichis et ont continué leur voyage. C'est vrai, l' « eau » nous vient de Dieu pour nous rafraichir et continuer à réaliser nos objectifs. C'est pour cela que Néhémie a demandé à Dieu d'écouter ses prières. Sans prières, sans Dieu, nous ne parviendrions à réaliser que peu de choses, ou même rien. Il est essentiel de prier si l'on veut obtenir le succès dans notre vie. Néhémie a prié, il a prié sans cesse. Il a prié pendant toute sa mission. L'homme le plus riche, Salomon, a prié. L'homme le plus fort, Samson, a prié et David, le roi le plus puissant, a lui aussi prié. Alors qu'attendez-vous ? Allez-vous commencer à prier dès aujourd'hui ?

Pourquoi n'avez-vous rien reçu ?

Jésus a dit que nous n'avions pas reçu car nous n'avions pas demandé. Il faut que vous preniez l'habitude de demander de l'aide à Dieu. Il est votre père. Il veut vous aider, mais souvent il attend que nous nous comportions correctement et que nous Lui demandions d'intervenir. Mais peut-être pensez-vous que le maître de l'univers ne peut pas se permettre cette petite chose dont vous avez besoin pour compléter votre projet, votre rêve ? Réfléchissez mieux. Nous ne recevons pas parce que nous ne demandons pas, et même lorsque nous le voulons nous demandons mal, de façon égoïste. Ce n'est pas moi qui le dit, mais Jésus. Il est mieux placé pour le dire. Écoutez ce qu'il a à dire :

« 'Demandez, on vous donnera ; cherchez, vous trouverez ; frappez, on vous ouvrira. En effet, quiconque demande reçoit ; qui cherche trouve ; à qui frappe, on ouvrira.' »

Évangile selon Saint Matthieu, 7, 7-8

C'est clair ? Le maître a encore gagné ! Ici il parle des degrés de la prière et de la requête. Lorsque vous demandez et que vous avez la sensation de ne pas voir de résultats, vous commencez à chercher. Et lorsque vous n'êtes toujours pas satisfaits vous commencez à frapper. C'est formidable ! Quelle révélation ! Demander, chercher et frapper, et cette porte s'ouvrira « forcément » pour vous. Toutes les portes ont la bonne clé. Utilisez la clé et elle ouvrira certainement !

Accorde-moi le succès et la faveur

Chapitre Six

Accorde-moi le succès et la faveur

« (…) Fais qu'aujourd'hui ton serviteur réussisse et trouve miséricorde en face de cet homme »

Livre de Néhémie, 1, 11

Néhémie a demandé à Dieu de lui accorder le succès lors de son entretien avec le roi. Il Lui a aussi demandé de le mettre dans le cœur du roi, qu'il lui manifeste de la bienfaisance. C'est merveilleux ! Ces mots ne peuvent sortir que de la bouche d'un homme qui comprend comment fonctionne Dieu. Le succès que vous obtiendrez dépendra largement de la faveur et de la gentillesse que vous allez recevoir de Dieu et des hommes. En effet, vous ne pourrez réussir sans eux. Lorsque vous priez et obéissez à Dieu. Il vous récompense et vous accorde sa grâce en faisant en sorte que les situations et les hommes vous soient favorables et soient bonnes vis-à-vis de vous. Ainsi vous allez obtenir le succès !

Vous ne pourrez jamais obtenir le succès sans l'apport des autres. Or les hommes ne vous aideront pas ou ne vous favoriseront pas, tant que le ciel ne les aura pas autorisés à le faire. Néhémie savait tout ça, et c'est pour cette raison qu'il s'adressa d'abord à Dieu. Il demanda de manière spécifique à Dieu de mettre de la gentillesse à son égard dans le cœur du roi. Vous avez besoin de la gentillesse des autres pour obtenir le succès. Vous avez besoin d'être favorisé par les hommes. Ce sont les faveurs qui font la différence !

Être gentil veut dire montrer de la prévenance, de l'amour ou de la sympathie. Il faut que les gens éprouvent de la sympathie pour votre cause ; qu'ils aiment et soient attirés par votre rêve, qu'ils vous soutiennent ou qu'ils vous assiste, si vous voulez avoir du succès. Ensuite vous aurez fini. Vous n'avez besoin de rien d'autre ! En effet, vous avez besoin de la faveur et de la gentillesse des autres. Néhémie s'apprête à entreprendre un projet très difficile et dangereux, et il a besoin de la permission et du soutien du roi. La grâce de Dieu va obliger les hommes à vous favoriser afin que vous atteigniez votre objectif, votre projet, votre succès. Par la suite, Dieu va se servir des hommes pour vous aider.

Dieu a accueilli la requête de Néhémie, et voyez les résultats impressionnants qu'il a obtenus :

« Le roi, qui avait la reine à côté de lui, me demanda : 'Combien de temps durera ton voyage ? Quand reviendras-tu' Je lui indiquai une date qu'il approuva, et il m'autorisa à partir.

Je dis encore : 'Si tel est le bon plaisir du roi, qu'on me donne des lettres pour les gouverneurs de la province qui est à l'ouest de l'Euphrate, afin qu'ils facilitent mon passage jusqu'en Juda ; et aussi une lettre pour Asaph, l'inspecteur des forêts royales, afin qu'il me fournisse du bois de charpente pour les portes de la citadelle qui protègera la maison de Dieu, le rempart de la ville, et la maison où je vais m'installer.' <u>Le roi me l'accorda, car la main bienfaisante de mon Dieu était sur moi.</u>

Je me rendis auprès des gouverneurs de Transeuphratène et je leur remis les lettres du roi. Le roi m'avait fait escorter par des officiers de l'armée et des cavaliers. »

Livre de Néhémie, 2, 6-9

C'est incroyable ! Presque tout a été obtenu par une seule porte ouverte. Dieu a concédé sa faveur à Néhémie avant son maître, le roi. Il faut tenir compte du fait que tout ça était très rare, car Néhémie était un esclave en exil qui occupait les fonctions d'échanson du roi. En sa qualité d'esclave, il était très risqué de faire de telles requêtes au roi. Et en tant qu'échanson ses services sont essentiels et indispensables au roi. Mais Dieu a planifié tout ça et lui a concédé sa faveur avant celle du roi, car Jérusalem doit être reconstruite. Ce rêve doit être accompli ! Vous avez remarqué que même la reine qui était présente n'a rien trouvé à objecter et n'a pas dit un mot ? Lorsque vous bénéficiez de la faveur de Dieu, tout le monde, toute situation et toutes choses deviendront, de manière consciente ou inconsciente, votre instrument. Il va tout manipuler pour réaliser Son propos. Dieu a fait en sorte que le roi manifeste de la gentillesse à l'égard de Néhémie. La parole de Dieu dit que le cœur du roi est aux mains de Dieu. Tout cela est très vrai ! Nous allons le voir ici.

Tirer le meilleur parti d'une porte ouverte

Une porte, de multiples ouvertures, de nombreuses opportunités ! Lorsque Dieu ouvre une porte on fait tout son possible pour exploiter cette opportunité. Un incident, un contact, une opportunité peut « arranger » votre mission. Relisez encore une fois le récit. En un seul coup le roi a accordé à Néhémie sa requête de retourner à Jérusalem pour reconstruire la ville, lui a donné un laissez-passer, une lettre pour se faire donner du matériel et aussi des soldats pour sa sécurité. Tout ça est incroyable ! C'est ce qu'on peut qualifier de faveur en action ! Et j'adore la constatation faite par Néhémie, selon laquelle « **Le roi me l'accorda, car la main bienfaisante de mon Dieu était sur moi** ». Il le savait. Il était parfaitement conscient de la « manœuvre divine » et en était reconnaissant.

L'huile continue à se multiplier

Vous vous souvenez de la veuve dans le chapitre 4 du *Deuxième livre des rois* ? Tant qu'elle rajouta de l'huile dans les vases, elle continua à se multiplier. Un seul miracle lui permis de payer toutes ses dettes, de sauver son fils et de pourvoir à leur entretien. Si, comme on pourrait l'espérer, elle avait apporté d'autres récipients, cette femme aurait pu être la personne la plus riche au monde en son temps. Cela est vrai. Une porte illimitée avait été ouverte pour elle, mais les récipients étaient limités.

Ses créancier vinrent la menacer de lui enlever ses deux fils et elle se précipita chez Elisée :

« **La femme d'un des frères –prophètes implora Élisée en disant : 'Ton serviteur, mon mari, est mort. Tu sais que ton serviteur craignait le Seigneur. Or le créancier est venu prendre pour lui mes deux enfants comme esclaves.' Élisée lui demanda : 'Que puis-je faire pour toi ? Dis-moi ce que tu as dans ta maison.' Elle répondit : 'Ta servante n'a rien du tout dans sa maison, juste un peu d'huile comme parfum.'. Il reprit : 'Va, emprunte au-dehors des vases à tous tes voisins, des vases vides. Et pas en petit nombre ! Puis rentre chez toi, ferme la porte sur toi et sur tes fils, verse de l'huile dans tous ces vases. Une fois qu'ils seront pleins, mets-les de côté.' Elle le quitta, ferma la porte sur elle et sur ses fils. Ceux-ci lui apportaient des vases, et elle y versait de l'huile. Lorsque les vases furent remplis, elle dit à son fils : '<u>Apporte-moi encore un vase !' Il lui répondit : 'Il n'y a plus de vase !' Alors l'huile cessa de couler.</u>** »

Deuxième livre des Rois, 4, 1-6

Une porte inépuisable avait été ouverte pour cette femme, mais elle n'avait pas une vision assez vaste pour maximiser son utilisation. Je veux maintenant que vous imaginiez Néhémie dans ce genre de situation. Il en aurait tiré le plus grand profit. Il y a des portes qui sont des sources d'opportunités multiples ou illimitées. Il faut en tirer parti tant qu'elles restent ouvertes. L'huile a cessé de couler dès que la femme et ses fils ont cessé d'apporter des récipients.

L'expérience de Zarehath

Regardez cette femme. Elie l'a rencontrée alors qu'elle ramassait du bois pour cuisiner son dernier repas avant de mourir avec son fils. Mon Dieu ! Son dernier repas ! C'est ce qu'elle a déclaré à l'homme de Dieu, mais il lui a immédiatement ordonné de faire cuire d'abord une miche de pain pour lui. Dieu merci, la femme a obéi. Efforçons-nous d'être attentifs au jour où le SEIGNEUR nous rendra visite ! Cette femme était attentive.

Lorsque le prophète, la femme et son fils commencèrent à manger, la nourriture commença à se multiplier. Elle refusait de finir. Les restes dans leur récipient continuaient à se multiplier, et ils se nourrirent bien, tant que la pluie revint et que les céréales recommencèrent à pousser. Dieu soit loué ! C'est une porte qui est restée ouverte longtemps !

La faveur divine

Nous allons continuer à mettre l'accent sur le fait que le succès est le fruit de la faveur divine. Et la faveur divine découle de la grâce divine. Lorsque la grâce de Dieu est sur vous elle va vous attirer une faveur exceptionnelle. Et, bénéficiant de la faveur, vous allez finir par obtenir le succès. C'est comme ça que ça marche. Lorsque la grâce de Dieu sera sur vous, vous allez réussir alors que d'autres échouent. Vous vivrez alors que d'autres meurent, vous serez acceptés alors que d'autres sont rejetés. Vous allez surmonter tous les obstacles qui se trouvent sur le chemin de votre destin, vaincre toutes les « mines » posées sur votre route vers le succès, vous trouverez toujours à l'improviste, au bon moment, une aide inexplicable, la réalisation et la délivrance lorsque vous pensez que tout espoir est perdu. Sa grâce vous fera constamment ressentir à l'intérieur de vous cette stimulation surnaturelle à aller de l'avant, même lorsque cela semble physiquement impossible. Elle vous fera faire des choses, réaliser des objectifs bien au-delà de vos capacités naturelles.

Joseph

Tandis que j'écris, Joseph me vient immédiatement à l'esprit. La grâce et la faveur divine étaient considérablement présentes chez lui. Elles ne le quittèrent jamais avant qu'il ait obtenu le succès. Et pourquoi cela ? Dieu l'avait destiné à être puissant. Il devait être utilisé pour protéger son peuple et la promesse de Dieu. C'est pourquoi Dieu a implanté sa grâce (faveur) dans la vie du jeune arçon et sa vie était réalisée, car il était aussi un très beau jeune homme. (Mais c'est le type auquel il faut faire attention, car vos ennemis aussi peuvent l'exploiter). Regardez la façon dont la Bible le décrit : « Joseph avait belle allure et il était agréable à regarder. » (Genèse, 39, 6)

Nous voudrions remarquer que partout où Joseph allait, la faveur de Dieu le suivait. En effet, déjà dans la maison de son père. Chez lui son père lui confectionna un manteau de couleurs différentes. Une fois, alors qu'il cherchait ses frères et leurs troupeaux, un homme le remarqua et lui indiqua la direction de Dothan, où il finit par les retrouver. Lorsque ses frères décidèrent de le tuer car ils étaient jaloux de lui, Reuben fut prêt à lui révéler le plan. Par la suite, lorsqu'il fut vendu à la maison de Potiphar, tout ce qu'il y touchait prospérait. D'ailleurs pourquoi n'avait-il pas été vendu à n'importe quelle autre personne, mais à un des membres du personnel du roi ?

Là bas, à la maison de Potiphar, la faveur et la grâce restèrent sur Joseph. Écoutez les mots les plus positifs et étonnants que vous pouvez trouver dans la Bible, et ils concernent justement ce même garçon :

« Le SEIGNEUR était avec Joseph, et tout lui réussissait ; il vivait dans la maison de son maître, l'Égyptien. Ce dernier vit que <u>le Seigneur était avec Joseph et faisait réussir tout ce qu'il entreprenait. Joseph trouva grâce aux yeux de son maître qui l'attacha à son service : il lui donna autorité sur sa maison et remit entre ses mains tout ce qu'il possédait. Dès que l'Égyptien eut confié cette charge à Joseph, le SEIGNEUR bénit sa maison, à cause de Joseph, et la bénédiction du Seigneur s'étendit sur tout ce que possédait l'Égyptien, sa maison et ses champs. »</u>

Livre de la Genèse, 39, 2-5

Quelle faveur divine ! Ô mon Dieu ! Je n'avais jamais vu ce type de faveur. La présence de Joseph suffisait à elle seule à faciliter et à multiplier tout ce qui se trouvait autour de lui. Potiphar lui-même se rendit compte que Dieu avait donné à ce jeune homme le succès dans tout ce qu'il faisait. Elle attire le succès, l'acceptation, l'excellence, la multiplication, le progrès et la promotion. Plus tard

Joseph fut injustement mis en prison, et toutefois la faveur continua à le suivre. La grâce de Dieu reste avec vous même dans le plus sombre des donjon. Le chef des geôliers se rendit très vite compte qu'il avait accueilli un type de prisonnier différent, un prisonnier qui bénéficiait des faveurs divines.

Juste après que Joseph fut arrivé à la prison, Dieu expliqua au chef des geôliers qu'il devait commencer à le favoriser. En effet, les gens vont vous favoriser même quand ils n'ont aucune **raison de le faire. Dieu va les amener à le faire. Voulez-vous que nous lisions ensemble le récit de l'expérience de Joseph dans le donjon ? Allons-y :**

« Quand le maître entendit sa femme lui dire : 'Voilà comment ton serviteur a agi envers moi !', il s'enflamma de colère. Le maître de Joseph se saisit de lui et le jeta dans la prison où étaient enfermés les prisonniers du roi. Joseph était en prison, <u>mais le SEIGNEUR était avec lui : il lui accorda sa faveur et lui fit trouver grâce aux yeux du chef de la prison. Le chef de la prison remit entre les mains de Joseph tous les prisonniers : tout ce qui se faisait, c'est Joseph qui le faisait faire.</u> Le chef de la prison ne s'occupait en rien de ce qui était confié à Joseph car <u>le Seigneur était avec lui, et ce qu'il entreprenait, le Seigneur le faisait réussir.</u> »

Livre de la Genèse, 39, 19-23

C'est la faveur qui parle ! Le succès suit cet homme où qu'il aille, même dans les endroits les plus impensables. Elle a été sur lui tant qu'il n'est pas devenu puissant. Plus tard il devint le Premier Ministre de l'Égypte, de l'endroit où Dieu l'avait utilisé pour protéger Israël et aussi de tout l'empire égyptien. La faveur va vous amener jusqu'au trône. C'est ce qui vous arrive lorsque vous êtes marqués du signe de la grandeur. La main de Dieu demeure constamment au-dessus de vous, tant que Son objectif dans votre vie n'aura pas été atteint. C'est exactement ce qu'il a dit à Jacob à Béthel :

Jacob

Dieu dit à Jacob qu'Il allait continuer à lui accorder sa faveur, tant qu'Il n'aurait pas fait passer Sa parole dans sa vie. Jacob connaissait un état d'échec total lorsque cette promesse lui fut faite. Il avait eu un passé sordide, avait un présent douloureux et se préparait à un futur incertain. Il n'était pas sûr que tout ce qu'on avait dit à propos de lui allait se passer, et soudain Dieu lui apparut une nuit et lui dit,

« (…) je te garderai partout où tu iras (…) car je ne t'abandonnerai pas avant d'avoir accompli ce que je t'ai dit. »
Livre de la Genèse, **28, 15**

J'aime beaucoup ce passage ! Mais peut-être ai-je été attiré par lui parce que j'ai eu une expérience semblable à celle de Jacob. Je l'adore ! Quelle promesse pourrait être meilleure ? Dieu vous dit aujourd'hui qu'Il ne vous quittera pas tant qu'Il n'aura pas réalisé TOUTES Ses promesses concernant votre existence – pas avant que vous ayez obtenu le succès ! Amen ! Cela veut simplement dire que tous les dispositifs du ciel vont être déployés pour être certain que vous puissiez réaliser votre destin divin. Je suis d'avis que vous devriez être en train de danser et de sauter en apprenant cela. En effet, cette promesse me fait toujours danser et me réjouir. Elle me donne la certitude que je serai constamment, de façon permanente, protégé, qu'on s'occupera de moi et que je bénéficierai de FAVEUR ! Et Dieu a-t-il échoué avec Jacob ? Absolument pas !

Je vois toujours ce genre de faveur sur mon chemin. C'est peut-être pour ça que les écritures que je viens de mentionner m'attirent. Je me souviens qu'à l'époque où j'achevais ma formation de journalisme au Nigeria Institute of Journalism, à Lagos, les choses étaient tellement difficiles pour moi que je ne parvenais pas à payer les frais d'inscription du dernier semestre, mon loyer, et de nombreuses autres factures. Je priait et je travaillais dur, mais rien de sérieux ne se produisait. Même les petits boulots qui m'aidaient ne marchaient pas à cause de ceux à qui je m'étais associés pour les porter à bien. Tout ça était vraiment difficile.

C'est ainsi qu'un jour un de mes amis qui dirigeait notre Association Chrétienne à l'Ecole (j'étais le secrétaire d'évangélisation et leur éditeur) m'a demandé de l'accompagner chez un ami. Là-bas, pendant qu'ils bavardaient, son ami m'a regardé et a demandé à mon ami qui j'étais. Après m'avoir présenté, à ma grande surprise mon ami a promptement ajouté que j'avais besoin d'un boulot. Et vous n'y croirez pas, mais après m'avoir posé quelques questions, cet homme m'a effectivement offert un travail dans sa compagnie, me demandant de commencer le lendemain. C'est ainsi que j'ai obtenu un emploi immédiat dans l'une des plus grosses boites de marketing à Lagos.

J'ai par la suite été affecté à l'entrepôt central où je recevais de grandes quantités (de riz, vin, pièces pour automobiles, de l'équipement pour la transmission électrique, des pièces de rechange pour des machines, etc. La compagnie traitait les biens les plus divers) de l'étranger et les distribuais dans nos points de vente dans tout le pays et au-delà. C'était un travail vraiment très lourd. Je suis également devenu très proche du propriétaire de la boite et cet homme avait une telle confiance en moi qu'il me consultait même sur des sujets spirituels. À l'époque j'avais environ 26 ans. C'est ce que la faveur peut faire. Lorsque Dieu vous accorde sa faveur, celle des hommes va suivre.

Esther

La faveur accordée à Esther a également assuré son succès. C'était une orpheline qui vivait avec son oncle/beau père en exil, mais comme elle était destinée à jouer un rôle clé dans la délivrance et la préservation du peuple juif, Dieu lui a accordé sa faveur. Regardez comment, venue de rien, elle émerge comme la reine de l'empire à Susa. De chez son oncle Mordecai à la Hegia chez le roi, elle a bénéficié d'une faveur spéciale tout le temps. Rien n'est aussi puissant que la faveur divine et c'est la voie la plus sure pour aboutir à l'apogée. Parmi de nombreuses belles vierges c'est elle qui a été choisie comme reine. Que la faveur de Dieu vienne sur vous au nom de Jésus !

David

Le roi David jouissait d'une faveur remarquable qui allait générer son succès incroyable. En effet, il a été et est toujours le roi d'Israël qui a bénéficié de la plus grande faveur. Il a réussi des prodiges grâce à la faveur et au soutien divin. La main de Dieu était au-dessus de lui-même lorsqu'il était petit, car le ciel l'avait destiné à la grandeur. Vous vous demanderez peut-être comment un garçon de cet âge pourrait tuer des lions et des ours ; les saisissant parfois par leurs crocs et les découpant en morceaux ? Dites-moi ? Mais jetez donc un coup d'œil au drame qui eut lieu lorsque Dieu envoya le grand Samuel découvrir David et le consacrer afin qu'il devienne le nouveau roi d'Israël à la place de Saül. Si je dis « découvrir » c'est parce que David n'était pas connu. Son père non plus n'était pas connu ou pas bien connu, et le petit garçon était toujours dans les buissons. Garçon des buissons ! Bien qu'étant dans les buissons et méconnu, le ciel parlait déjà de lui ; sans qu'il le sache.

La faveur fait en sorte que le ciel vous distingue et parle de vous. La faveur fait de vous une personne à découvrir. Les hommes peuvent ne pas vous connaître, mais le ciel fera de vous une personne à découvrir ! Samuel devait aller prendre David. Pire encore, Dieu n'avait pas indiqué au prophète Samuel le nom de David, il ne lui avait pas non plus dit grand-chose à propos du garçon. Il était simplement pas connu ou reconnu par les hommes. Je ne veux pas être connu des hommes, mais que Dieu m'accorde sa faveur. C'est certain !

Savez-vous qu'il y a actuellement une discussion qui a lieu au ciel sur comment vous révéler au monde ? J'en ai fait personnellement l'expérience ; au cours de laquelle ce genre de sujets étaient débattus dans le conseil du ciel. Tout grand événement, mission ou ministère est discuté et planifié de manière extensive au ciel. Nous ça nous arrive à l'improviste, mais pour Dieu il s'agit toujours d'un projet bien planifié. Cela explique peut-être pourquoi Dieu va continuer à dire , « créons l'homme », « envoyons le » etc. Qui sont ces « nous » ? Connaissez-vous les fonctions des vingt-quatre vieillards au ciel ? Que dire des êtres qui ont des yeux et des ailes partout et ceux qui se tiennent devant Dieu ? Oui, ils l'adorent et s'inclinent devant lui ? Mais est-ce tout ? Leur a-t-on donné tous ces yeux et toutes ces ailes etc juste pour s'incliner ? Les vingt-quatre vieillards portent-ils des couronnes en or uniquement pour s'incliner ? Est-ce tout ?? Peut-être. Mais le jour où je les ai vus, ils étaient assis et ils discutaient ! Parfait, arrêtons-nous la où la Bible s'arrête. Non, excusez-moi, revenons à David.

Lorsque Samuel arriva à la maison de Jessé à Bethlehem, nous l'avons dit, il y avait un drame. Lui et cet homme partaient du principe que Dieu avait choisi un des « grands garçons » de la famille pour être roi. Mais ils devaient se rendre compte de leur erreur, car la faveur de Dieu ne tient pas compte des considérations humaines. Cela est vrai. Vérifier le drame :

« Le Seigneur dit à Samuel : 'Combien de temps seras-tu en deuil à cause de Saül ? Je l'ai rejeté pour qu'il ne règne plus sur Israël. Prends une corne que tu rempliras d'huile, et pars ! Je t'envoie auprès de Jessé de Bethléem, car j'ai vu parmi ses fils mon roi.' (…)

Lorsqu'ils arrivèrent et que Samuel aperçut Éliab, il se dit : 'Sûrement, c'est lui le Messie, lui qui recevra l'onction du Seigneur !' Mais le SEIGNEUR dit à Samuel : 'Ne considère pas son apparence ni sa haute taille, car je l'ai écarté. DIEU ne regarde pas comme les hommes regardent l'apparence, mais le SEIGNEUR regarde le cœur.'

Jessé appela Abinadab et le présenta à Samuel, qui dit : 'Ce n'est pas lui non plus que le SEIGNEUR a choisi. Jessé présenta Shamma, mais Samuel dit : 'Ce n'est pas lui non plus que le SEIGNEUR a choisi.' Jessé présenta ainsi à Samuel ses sept fils, et Samuel lui dit : 'Le SEIGNEUR n'a choisi aucun de ceux-là. Alors Samuel dit à Jessé : 'N'as-tu pas d'autres garçons ?'

Jessé répondit : 'Il reste encore le plus jeune, il est en train de garder le troupeau.' Alors Samuel dit à Jessé : 'Envoie-le chercher : nous ne nous mettrons pas à table tant qu'il ne sera pas arrivé.'
Jessé le fit donc venir : le garçon était roux, il avait de beaux yeux, il était beau. Le SEIGNEUR dit alors : 'Lève-toi, donne-lui l'onction : c'est lui !' Samuel prit la corne pleine d'huile, et lui donna l'onction au milieu de ses frères. L'Esprit du SEIGNEUR s'empara de David à partir de ce jour-là. Quant à Samuel, il se mit en route et s'en revint à Rama. »

Premier livre de Samuel, 16, 1, 6-13

Mon Dieu ! J'aimerais que vous puissiez voir mon expression tandis que je recopie ces mots. Ce passage vaut la peine d'être relu des centaines et des centaine de fois. C'est vrai. Je l'aime énormément ! Il résume ce qu'on disait dans ce chapitre. Lorsque Dieu décide d'accorder sa faveur à quelqu'un, il n'y a rien à faire. Regardez comment ce petit garçon totalement méconnu a été emporté des buissons. La faveur divine va vous trouver. Essayez d'imaginer le Prophète Samuel qui fait tout le voyage de Rama à Bethléem pour découvrir et donner l'onction à cet « enfant des buissons ». Mais dites-moi comment vous vous êtes sentis lorsque vous avez lu que Samuel avait donné l'ordre de : **'Envoie-le chercher : nous ne nous mettrons pas à table tant qu'il ne sera pas arrivé.' ?** Dites vous êtes là ? Le représentant du Dieu d'Israël et toute la maison de ton père ne va pas s'asseoir tant que tu ne seras pas là ? C'est incroyable ! C'est trop pour que je parvienne à le commenter.

Je voudrais aussi que vous imaginiez le petit garçon qui se tient parmi ces grands et estimés fils de Jessé et ce rude prophète à l'allure noble de prêtre qui se tient devant lui, priant, annonçant la prophétie et versant l'huile sur David, et la façon dont l'Esprit de Dieu vient tout puissant sur lui immédiatement. Doux Jésus ! On aimerait pouvoir assister à cet événement. C'est une faveur extraordinaire !

Croyez-moi, Dieu va venir vous chercher aujourd'hui même au nom de Jésus ! On est déjà en train d'envoyer quelqu'un. Ils ne « s'assiéront » pas tant que vous ne serez pas « arrivé ». Et, comme David, vous vous tiendrez « plus grand » que vos frères, vos concurrents, vos contemporains et vos ennemis au très puissant nom de Jésus ! C'est la faveur qui va vous faire réussir ! Personne ne prendra votre place ou votre bénédiction. Vous savez que si le SEIGNEUR n'avait pas été là, ou si Samuel n'avait pas reçu ses ordres de Dieu, il aurait oint un autre roi à la place de celui qui avait été choisi. Vos bénédictions ne devraient pas aller à quelqu'un d'autre ! Elles ne devraient pas vous échapper ! Après avoir été oint, la faveur, la puissance, la protection et la clause de Dieu n'abandonnèrent pas David tant qu'il n'eut pas réalisé tout ce à quoi Dieu l'avait destiné. Regardez comment il réchappa aux attaques du roi Saül, même Jonathan, le fils de son ennemi devint son meilleur ami et sauveur. La faveur !

Regardez la façon dont il tua Goliath, le monstre tellement redouté, sa conquête de nations, et même la très miraculeuse survie au jugement de Dieu et aussi le coup d'Etat de son propre fils. Revenez en arrière et relisez de nouveau tous ces récits. Il fallait bénéficier d'un haut degré de faveur pour survivre à tout ça. Et, Dieu merci, il le savait. Mais je vous en prie, écoutons directement ce qu'il a à nous dire à propos de la faveur divine dans sa propre vie :

« Le roi David vint s'asseoir en présence du SEIGNEUR. Il dit : 'Qui suis-je donc, SEIGNEUR, et qu'est-ce que ma maison, pour que tu m'aies conduit jusqu'ici ?' »

Deuxième livre de Samuel, 1, 18

Cet homme bénéficiait d'une faveur telle qu'il était encore en vie lorsqu'il a dû céder son trône, l'alliance, les matériels pour le Temple et tous les projets importants à son fils. Et qui plus est, Dieu lui a donné une dynastie éternelle qui a également produit le Messie, Jésus Christ.

Jésus

C'est la faveur de Dieu qui a fait de Jésus un grand succès. Des milliers d'années après qu'Il est parti, Son nom exerce encore la plus grande influence sur tout l'univers (du point de vue spirituel et physique) et des millions de personnes l'adorent. Le seul fait de mentionner Son nom invoque la plus grande puissance et autorité. Seul la faveur divine peut permettre ce niveau de succès.

Avant Sa conception, l'archange Gabriel vint annoncer qu'Il allait naître. Après sa naissance, les bergers virent soudain des anges remplis de joie en train de danser, de se réjouir et de louer Dieu et de grands astrologues venus de contrées éloignées lui rendre hommage après avoir aperçu Son étoile inhabituelle qui apparut royalement, avec magnificence, différente de toutes les autres. Ils apportaient des dons royaux – **de l'or, de la myrrhe et de l'encens** à cet enfant né dans une mangeoire dans une famille inconnue. D'une mangeoire à la royauté ! C'est incroyable ! Quelle faveur ! J'adore la façon dont la Bible narre ça. On dit qu'ils ouvrirent les coffrets qui contenaient leurs trésors et qu'il Lui firent don de leurs présents. La faveur va amener les hommes à vous ouvrir leur trésor et à vous inonder de dons et de richesses.

Lorsqu'il avait douze ans, il transmettait déjà son savoir aux anciens et aux théologiens du temple. Regardez ce parfait exemple de faveur divine. Je ne vais pas dire grand-chose à propos d'Israël ici, car il me faudrait des livres entiers pour le faire. Mais regardez la nuit même où ils quittèrent l'Égypte. Par le biais de Moïse (respectant la promesse qu'il avait faite et l'alliance qu'il avait conclue avec Abraham), Dieu leur avait dit de demander à leurs voisins égyptiens leurs richesses, leur promettant qu'il leur accorderait sa faveur devant eux. Et c'est exactement ce qu'ils ont fait, et quel a été le résultat ? Ils ont pillé l'Égypte ! Ils ont emporté toute la richesse de l'Égypte en une seule nuit. Une action divine peut « résoudre tous vos problèmes ». En effet, les biens des Égyptiens, les païens, devaient nous être rendus. Telle était Sa parole. C'est pourquoi vous allez piller le monde au nom de Jésus ! Ne l'avez-vous pas lu ? C'est l'une des plus grande faveur et l'un des « divins pillages » que vous trouverez dans la Bible :

« Les fils d'Israël avaient agi selon la parole de Moïse : ils avaient demandé aux Égyptiens des objets d'argent, des objets d'or et des manteaux. <u>Le SEIGNEUR fit que son peuple trouve grâce aux yeux des Égyptiens</u> : ils cédèrent à leur demande. Ainsi <u>les fils d'Israël dépouillèrent-ils les Égyptiens !</u> »

Livre de l'Exode, 12, 35-36

Ils les dépouillèrent ! Les pillèrent ! Cela veut dire que Dieu va vous accorder sa faveur devant le monde. Les richesses des nations sont conservées pour vous. Elles devraient être rassemblées, empilées, faites briller pour vous être restituées ! Le monde va vous chercher pour vous accorder sa faveur, parce que le ciel l'a déjà fait ! Nous récolterons les fruits de leur labeur. Mes chers, ce dont vous avez besoin maintenant est seulement Sa faveur. Il y a des centaines d'années, Dieu a dit à Abraham qu'Il ferait sortir ses descendants de la terre de l'esclavage avec de grandes richesses.

On pourrait continuer à illustrer la faveur divine à l'infini. La faveur divine est le facteur principal si l'on veut obtenir le succès dans son existence. Mais laissez-moi résumer rapidement, afin que nous puissions passer à un autre chapitre. Regardez des gens tels que Daniel et Samuel, la parole de Dieu disait que Dieu et les hommes leur avaient accordé leur faveur. À partir du moment ou le ciel vous accorde sa faveur, les hommes le feront aussi. La parole de Dieu elle-même dit que c'est Dieu qui bénit. C'est Lui qui ouvre ou referme les portes de la bénédiction. Écoutez-le :

« Je connais ta conduite ; <u>voici que j'ai mis devant toi une porte ouverte</u> que nul ne peut fermer »

Livre de l'Apocalypse, 3, 8

Je me souviens lorsque j'ai été désigné comme le Public Relations Officer of the Assemblies of God au Nigéria. J'étais encore jeune et je sortais tout juste du séminaire. Tout le monde n'était pas d'accord. La plupart des « grand hommes » au National office étaient d'un autre avis et firent tout ce qu'ils pouvaient pour l'empêcher, mais comme Dieu m'avait accordé sa faveur et m'avait dit que c'est moi qui allait exercer ces fonctions, personne ne pouvait l'empêcher. Tous leurs efforts étaient vains.

Je me souviens du jour où celui qui était le General Superintendent me prit la main et me dit que bien que personne ne me soutienne et bien qu'il y ait une opposition à ma nomination, lui avait pris sa décision et que c'est moi qui allait être nommé. En effet, Dieu avait décidé et l'homme devait respecter la décision. Toutefois l'inquiétude concernant cette charge était telle que je perdais peu à peu tout mon intérêt dans tout cela, mais Dieu venait toujours m'assurer que tant qu'Il resterait à son poste rien ne m'empêcherait d'exercer ces fonctions. Et ça s'est passé exactement comme Il l'avait annoncé. Notre Dieu est le plus puissant et rien ni personne ; aucune opposition ne peut le détourner de son propos. Avant que j'obtienne ce poste, Il m'a dit que j'allais l'occuper ; Il m'a expliqué pourquoi, et m'a même indiqué pendant combien de temps j'allais l'occuper. Dieu agit pour vous, et il sait parfaitement planifier ! Ainsi, lorsqu'il vous accorde sa faveur, personne ne peut vous arrêter !

Louange à Dieu ! La faveur, la promotion et le succès viennent de Dieu. Il a le pouvoir de vous promouvoir ou de vous rabaisser. Néhémie l'avait compris, et c'est pour ça qu'il priait et demandait à Dieu de lui accorder le succès et sa faveur lors de son entretien avec le roi. Et Dieu a répondu à sa prière en faisant en sorte que le roi accueille sa requête et lui donne tout le soutien nécessaire pour sa mission. Nous avons besoin de la faveur de Dieu si nous voulons obtenir le succès. Mais je vous en prie, laissez-moi brièvement commenter quelque chose avant de passer au chapitre suivant.

Les dons divins

J'ai découvert que chez la plupart des gens qui ont réussi se trouve un don divin, des talents ou une grâce évidente qui servent d'outil, d'instrument pour les promouvoir. Il peut s'agir de leur apparence, de leur personnalité, de leur voix, de leurs talents, d'une habilité particulière, etc. Mais revenons en arrière et examinons à nouveau Joseph. C'est sa capacité de rêver et d'interpréter les rêves qui l'a conduit au palais royal. Elle l'a accompagné depuis sa naissance. Vous vous souvenez de la première fois où il a essayé de s'en servir comme d'une armature et qu'il a couru de grands risques ? Il a failli mourir. En effet, ses frère le haïssaient et ont failli le tuer à cause de ses rêves et de ses interprétations. Mais, au bon moment, cette même grâce a permis son ascension sur le trône. Quelles habilités particulières Dieu vous a-t-il données ? C'est vrai, chacun d'entre nous en possède au moins une. L'avez-vous découverte et cultivée ? L'utilisez-vous ? C'est peut-être là que se trouve votre grandeur.

Celles de David étaient la musique et la lutte (le courage divin). Et elles le conduisirent toutes deux sur le trône. Au moyen de la louange et des instruments, il s'est rendu cher à Dieu ; qui l'a défini comme un homme fait selon Son cœur et lui a accordé un trône et une alliance perpétuelle. Et, en tant que guerrier, il s'est réalisé. Imaginez que quand il était petit, il avait déjà commencé à tuer des lions et des ours de ses mains nues ! Il s'est battu et a tué Goliath, ce général philistin redoutable, vantard, expérimenté et lourdement armé uniquement à l'aide d'une fronde et de pierres. Il a affronté des nations et des armées et en est sorti vainqueur. Il a aussi miraculeusement déjoué des trahisons, des embuscades et des révoltes internes qui ont bien des fois mis sa vie en péril.

De quoi disposez-vous ?

Je vois ces habilités spéciales dans le bâton de Moïse. Moïse s'est servi de son bâton pour faire face aux forces de l'obscurité en Égypte. Il s'en est servi pour des signes et des miracles. Il s'en est servi pour faire sortir de l'eau dans le désert. Et de façon très dramatique, regardez comment il s'en est servi au bord de la Mer Rouge. Le peuple d'Israël était déjà coincé entre la mer et l'armée égyptienne qui le poursuivait. Comme il en avait l'habitude, il a commencé à donner des signes d'impatience, à récriminer, à se plaindre et à menacer. Et le Prophète Moïse, qui était certain que Dieu les guidait tout au long de ce voyage, lui a assuré qu'une intervention divine allait le sauver, mais en fait il ne savait pas exactement en quoi elle allait consister. Et puis, tout à coup, Dieu s'est adressé à lui et lui a posé une question très inhabituelle : « Pourquoi me demandes-tu ce qui dépend de toi ? Doux Jésus ! Et cette question qu'Il pose à certains d'entre nous aujourd'hui. Il vous a donné tout ce dont vous avez besoin pour avoir du succès. Oui, tout ça est en vous ! Mais lisons ce passage avant de continuer :

« Le SEIGNEUR dit à Moïse : 'Pourquoi crier vers moi ? Ordonne aux fils d'Israël de se mettre en route ! <u>Toi, lève ton bâton, étends le bras sur la mer, fends-la en deux, et que les fils d'Israël entre au milieu de la mer à pied sec.</u>' »

Livre de l'Exode, 14, 15-16

Ô mon Dieu ! Imaginez un peu Dieu en train de vous reprocher de l'appeler. C'est ce qu'il a fait avec Moïse, mais c'était pour son bien. Il a dit à Moïse que ce n'était pas le moment pour les longues prières et les larmes, mais pour l'action. Moïse devait immédiatement lever son bâton au-dessus de la mer de façon à ce qu'un chemin s'ouvre pour lui et pour son peuple. En effet, il y a tellement à apprendre ici, mais nous devons nous concentrer sur ce qui va contribuer à notre discussion principale. Lorsqu'on utilise ce dont Dieu nous a pourvus, un chemin va s'ouvrir devant vous. C'est très vrai.

Lors de leur rencontre au mont Sinaï, les mains de Dieu ont donné à Moïse l'autorité pour faire des miracles et donner des signes au moyen de son bâton. En effet, après qu'ils eurent conclu un pacte qui désormais incluait Aaron, Dieu dit à Moïse de s'assurer qu'il avait son bâton avec lui, afin de pouvoir faire des miracles. Le véritable pouvoir était dans le bâton. Un pouvoir considérable ! Il s'en est servi, mais ici je crois qu'il ne savait pas que le bâton pouvait même ouvrir la mer, et Dieu est intervenu lui demandant de l'utiliser. « Qu'as-tu dans tes mains Moïse ? Utilise-le ! C'est ce que Dieu lui a ordonné.

Et lorsque Moïse a eu obéi, les grandes eaux se sont immédiatement écartées. Le vent de l'est est apparu et a fait reculer l'eau. Un chemin s'était formé. Le peuple d'Israël l'a parcouru, mais ses ennemis ont péri là-même, dans la mer. Aucun d'entre eux n'y a réchappé ! Comme dirait la marine, « ils ont été ensevelis dans la mer ». C'est ça ! Moïse disposait alors de l'autorité et du pouvoir pour le faire, mais ne le faisait pas car il n'était pas conscient du fait qu'il était là, ou bien il n'était pas attentif ou il était distrait par les lamentations, les murmures et les menaces du peuple obstiné d'Israël.

Un bâton a été placé dans vos mains, même si vous êtes en train de lire tout cela. Il ne vous reste qu'à le découvrir, l'activer et l'utiliser pour vous lancer dans le succès. Il vous a été donné pour vous aider à réaliser votre destinée divine. Oui, il est là ! Il vous suffit de le découvrir et de commencer à l'utiliser. C'est ce qui va apporter du succès dans votre vie. Il a été mis là par Dieu exprès pour vous aider, pour vous signaler comme un être différent et unique ; vous souligner pour vous permettre de vous distinguer. **C'est votre ACV (Argument Clé de Vente)** ainsi que les publicitaires le définiraient. Il pourrait s'agir de votre talent, d'un intérêt particulier ou d'une habilité particulière. La faveur découle généralement des talents. Qu'avez-vous en main, mon cher lecteur ? Utilisez-le ! Votre succès, votre grandeur sont contenus dans eux. Commencez à les développer et à les utiliser dès maintenant. Oui, dès maintenant !

La responsabilité de la faveur

La faveur est aussi accompagnée d'une responsabilité. Et qu'est-ce que je veux dire par ça ? Il ne faut pas prendre la faveur de Dieu pour acquise. Par exemple, le fait qu'on vous accorde une faveur ne veut pas dire que vous devez être paresseux, peu attentifs et vivre une vie peu vertueuse, etc. En aucun cas. En effet, plus on vous accorde de faveurs et plus on s'attend à ce que vous travailliez davantage, que vous vous consacriez davantage et que vous soyez très près de Dieu. Des gens tels que Samson, Saül, etc., on pris la faveur de Dieu pour acquise, et ils l'ont payé cher. Si, dans votre vie, vous prenez Sa faveur pour acquise, vous allez certainement le regretter. Que Dieu nous aide au nom de Jésus !

Vous vous souvenez que la Bible nous a dit que nous ne devrions pas continuer à pécher (insouciance) croyant que la grâce va abonder. J'espère que vous m'écoutez. Dieu vous a accordé sa faveur pour travailler plus durement. Il vous a accordé sa faveur pour que vous consacriez totalement votre vie. Il vous a choisi pour servir d'exemple. Alors faites en sorte que votre lumière resplendisse davantage que celle des autres. Plus de faveur, plus de sérieux. A celui auquel on donne beaucoup, on demande également beaucoup. Ai-je été clair ? Maintenant nous allons passer à un chapitre très important dans ce livre – Vision-Plan-Travail.

<u>Prière</u>

. Priez pour que Dieu fasse pleuvoir Sa faveur sur votre vie

. Priez pour que Dieu fasse naître dans le cœur de tous les hommes et de toutes les femmes que vous rencontrerez à partir d'aujourd'hui le désir d'être gentils avec vous et de vous accorder leur faveur.

. Faites cette prière après un jour de jeûne et vous verrez ce qui va commencer à se passer dans votre vie.

Vision-Plan-Travail

Chapitre Sept
Vision-Plan-Travail

Si vous voulez réussir, il faut que vous ayez une vision. Il faut que vous sachiez où vous êtes, où vous voulez aller et ce que vous voulez réaliser. Avoir une vision est tellement essentiel pour obtenir le succès que la Bible elle-même dit que sans elle on va échouer, souffrir et périr. Oui, c'est à ce point là. C'est la vision (rêve) qui donne de la force à vos actions et missions. C'est ce qui dirige vos pensées, vos actions, vos efforts et dans une large mesure votre « existence ». Laissez-moi dire que votre vision est votre vie.

Ensuite les visions sont générées par les situations. Par exemple, c'est le triste état de Jérusalem qui donna lieu à la vision chez Néhémie de revenir pour reconstruire et restaurer la ville. Mais regardez aussi le tout début de la création ; c'est l'aspect informe, vide et sombre de la terre qui a généré le besoin et la vision de créer la terre vivante et belle qui a ensuite vu le jour. Les visions sont le fruit du besoin. Nous y reviendront plus tard. Mais efforçons-nous tout d'abord de définir la notion de vision.

C'est la reproduction mentale du futur. C'est une idée, l'image, le rêve d'une situation idéale. Notre idée de la façon dont une chose devrait être. C'est comment une chose, une situation est actuellement et comment j'estime qu'elle devrait être pour être meilleure – c'est-à-dire une vision. Une période de besoin constitue une opportunité pour quelqu'un d'entrevoir une vision/rêve qui va le distinguer de toute autre personne. Maintenant si l'on voulait approfondir la chose ou la considérer d'un point de vue spirituel, vous la décrirez comme une révélation de Dieu sur ce qu'il faut faire d'une chose ou d'une situation. Tout ce qu'on a dit précédemment est valable, tout dépend de la personne qui la définit et de quelle perspective vous venez. Mais ce qui est important ici c'est que vous avez besoin d'une vision pour réussir votre vie. Il faut que vous soyez conscients de là où vous en êtes actuellement et que vous ayez une représentation claire et une perception de ce que vous voulez devenir.

Laissez-moi aussi rapidement ajouter quelque chose d'autre avant d'aller plus loin : une vision peut être décomposée en plusieurs plus petites visions. Qu'est-ce que j'entends exactement ici ? Admettons que votre vision consiste à réussir dans la vie, cela va nécessiter que vous réussissiez dans votre formation, dans le développement de votre personnalité, d'un point de vue professionnel, dans votre mariage, dans vos relations pour y arriver. Et vous serez d'accord avec moi que pour obtenir du succès dans un des domaines auxquels on vient de faire allusion, il faut une vision et beaucoup de travail. Ainsi donc, votre vision d'acquérir une solide éducation s'inscrit dans une vision plus ample du fait de réussir sa vie. Il est très important de souligner ça, car le simple fait de réussir du point de vue de l'éducation ne conduit pas forcément à une vie réussie. Il y a partout des ratés qui ont un bon niveau d'éducation. Ne vous est-il pas arrivé d'en croiser ? Cela est valable dans d'autres domaines également. Même accumuler uniquement des richesses ne fait pas le succès (et je crois que nous l'avons dit au début). J'ai moi-même rencontré et suivi en qualité de ministre du culte des personnes très aisées mais très malheureuses.

Maintenant, comment recevons-nous les visions ? Nous recevons les visions lorsque Dieu imprime quelque chose dans notre cœur. Il peut nous dire ou nous montrer clairement ce qu'Il veut que nous fassions ou réalisions. Dieu peut également se servir des circonstances, des événements ou des situations pour nous parler. Comme ici, Il a utilisé les conditions des Juifs et l'état de Jérusalem pour parler à Néhémie. Lorsque Néhémie a appris que les choses n'allaient pas bien pour son peuple chez lui ; qu'il était dans la souffrance, la honte et la disgrâce, il a été très triste. Il a pleuré, jeûner, pris le deuil et prié et c'est pendant cette période qu'il a eu la vision de rentrer et de reconstruire le rempart et la ville brulée. Dieu a imprimé tout ça dans son cœur.

Ceux que Dieu a prédestinés à être utilisés seront toujours préparés en temps voulu et se verront attribuer des positions utiles pour leur tâche. Qu'est-ce que cela veut dire ? Pourquoi Néhémie s'est-il senti si triste, a pleuré, pris le deuil, jeûné et prié quand il a appris dans quelles conditions vivait le peuple de Dieu chez lui ? Était-il le seul Juif exilé dans ce pays ? Est-ce que d'autres se sentaient aussi concernés que lui ? Et pourquoi était-il employé au palais royal à cette époque ? Je vois la main de la providence dans tout ça.

Quelqu'un qui est appelé pour une mission verra davantage que les autres. Il verra au-delà de ce qui est ordinaire lorsque l'occasion se présentera. Ce que d'autres perçoivent comme naturel, ordinaire, normal sera vu comme une leçon, un appel à une personne ; il percevra un message venant de cette situation. Ce qu'il y en lui va être stimulé et va commencer à aspirer à l'expression. En général c'est inné. Car c'est en vous et ça le moyen de rechercher des expressions ou de se manifester même avant que l'action divine ne se produise. Examinons le cas de Moïse, lorsqu'ils vit ce que les Israélites enduraient en Égypte, cela l'a immédiatement poussé à agir. Il lui arriva de tuer un Égyptien qui maltraitait un Israélite, et en même temps il exhortait les Israélites à s'aimer. Il commençait déjà à percevoir la vision pour sa mission divine. Elle était en lui. Ensuite, regardez

Jésus, même lorsqu'il était enfant, il enseignait déjà aux aînés et aimait fréquenter la synagogue. On pourrait multiplier les exemples.

Néhémie reçut une vision selon laquelle le rempart, la ville et le peuple de Dieu allait vivre pour l'éternité au milieu des ruines, de la honte et de la disgrâce. Il fallait qu'il parte et qu'il les reconstruise. Il est évident que les visions sont le fruit du besoin. Oui, c'est le besoin qui génère les rêves, et les rêves produisent de l'action qui va finir par générer le succès ! Qu'y a –t-il autour de vous en ce moment ? Y a-t-il des besoins ? Y a-t-il des vides qui attendent que vous les remplissiez ? Vous n'êtes pas satisfaits de la manière dont se passent les choses ? Si c'est le cas je vous perçois en train d'attraper une vision aujourd'hui. En ce moment, Dieu est en train d'imprimer dans votre cœur ce que vous devez faire pour remédier à la situation, trouver des réponses et des solutions. Les visions apportent des solutions, et les solutions vont faire de vous des gagnants !

La planification

Néhémie a soigneusement planifié son voyage et sa mission à Jérusalem. Exactement, c'est ce qu'il a fait ! Dieu lui a fait percevoir la vision, il a prié, mais il avait également besoin d'un plan détaillé et fiable pour exécuter sa mission de façon à ce qu'elle réussisse. Une vision va vous stimuler à l'action, et la première va être de vous demander comment apporter une solution à ce besoin. Qu'est-il possible de faire pour le résoudre ? Le comment est la planification. Nous devons planifier si nous voulons réussir. Si nous échouons dans notre planification, nous nous serons organisés pour échouer. C'est on ne peut plus vrai. Indiquez-moi n'importe quel succès s'étant révélé bon, remarquable et durable, et je vous démontrerai qu'il repose sur un plan qui a été établi méticuleusement, constamment, et de façon adéquate.

La planification n'est autre que la prévision de la manière dont une vision va être appliquée ou exécutée. C'est comme quand on conçoit le projet d'un bâtiment. On se représente mentalement l'image de ce qu'on voudrait. On procède ensuite à la réalisation de dessins qui vont illustrer les différents éléments de la structure, la taille, la qualité et la quantité des matériaux dont on aura besoin et la quantité de travail nécessaire pour le réaliser. Réaliser des visions de vie est un peu comme construire des maisons. Et je crois que c'est un peu ce que disait Jésus lorsqu'il affirmait qu'un homme qui s'apprête à se lancer dans la construction d'un bâtiment doit avant tout tenir compte des coûts. C'est en planifiant que vous vous faites une idée du temps qu'elle va vous prendre et des détails concernant la manière dont vous allez réaliser votre vision.

Beaucoup de gens, y compris les Chrétiens, font l'erreur de commencer des projets sans les avoir planifiés de manière adéquate. Il n'est pas étonnant qu'ils échouent, qu'ils aient des échecs à répétition. Ils se limitent à prier et à se lancer à l'aveuglette. Ils ont tort ! Quelle que soit la mission il faut que vous ayez une vision claire et que vous planifiez tout parfaitement avant de commencer. Maintenant, avant de revenir à Néhémie et à sa mission, apprenons quelque chose de plus à propos de Dieu. Avant de se mettre à la création, la Bible dit que Son Esprit **planait** au-dessus de la surface de la terre. Après quoi Il commença à dire qu'il y ait, et il y eut. Mais pourquoi l'Esprit planait-il avant de se mettre à la création ? Lorsqu'on connaît bien Dieu, on se rend compte qu'il ne s'engage jamais dans une aventure frivole. Toutes les actions qu'Il réalise, tout ce qu'Il dit ont toujours des implications très sérieuses, même lorsqu'elles semblent simples.

La période où Dieu a plané est le moment où il a visualisé et planifié ce qu'il fallait faire de cette terre informe, vide, dépourvue de forme, improductive et chaotique. Cela est vrai. Nous trouvons confirmation de tout ça dans la façon ordonnée dont la création a été planifiée dès le premier jour. Pensez-vous vraiment qu'une organisation aussi parfaite peut être obtenue sans une planification ? C'est impossible ! Voyez la façon dont tout s'est mis en place. En effet, il a d'abord placé tout à sa place, y compris ce que l'homme va utiliser avant de dire : « Créons l'homme ». Dieu est très organisé. C'est vrai, Il peut faire toute chose, Il est le maître de tout, mais ça ne l'empêche pas de planifier.

Et regardez aussi, juste après la chute de l'homme, Il confectionna immédiatement des vêtements avec des peaux de bêtes pour Adam et pour sa femme. Il avait déjà conçu un plan pour ça, car Il savait que ça allait se produire. C'est vrai, il le savait. Même l'*Apocalypse* (13, 8) nous dit que Jésus était un agneau qui a été scarifié avant la fondation du monde:

« (…) et dont le nom n'est pas inscrit dans le livre de vie de l'Agneau immolé depuis la fondation du monde »

Jésus a été immolé bien avant que le monde ne prenne forme ! C'est incroyable ! Avez-vous lu ça ? Ce sont des mystères divins ! Une véritable révélation ! Il a tout planifié très à l'avance. Il a planifié pendant des années, des siècles et pour l'éternité. Seul un planificateur parfait aurait pu dire à Abraham des centaines d'années avant que ça se produise que ses descendants seraient réduits en esclavage pendant quatre-cents ans et qu'après ça Il interviendrait vigoureusement pour les tirer de cette situation avec de grandes richesses. Mon Dieu ! Et c'est exactement ce qu'il a fait en Égypte dans la nuit de Pessah. Il a fait miraculeusement, de façon dramatique sortir les Israélites de cette terre, emportant avec eux de grandes richesses.

Regardez ce qui s'est produit lorsque le moment de leur libération approchait. La naissance de Moïse, son sauvetage miraculeux sur le Nil infesté de crocodiles. Son adoption et son éducation au palais royal et la connaissance des arts égyptiens. Tout avait été planifié et exécuté de manière divine. Il y a aussi le besoin et la vision de porter secours à son peuple, sa rencontre avec Dieu sur le mont Sinaï, etc. Tout avait été bien organisé, orchestré et exécuté à la perfection. C'est ça la planification ! Que pouvez-vous dire de quand Dieu a personnellement commencé à expliquer au peuple d'Israël comment sortir du pays et l'emporter sur ses ennemis ? Vous trouverez cela partout dans les Écritures. Il lui dit où et comment combattre l'ennemi. Dieu ne fait rien sans l'avoir planifié et Il veut que nous soyons exactement comme lui.

Nous devons planifier, nous préparer et poser notre candidature pour des fonctions. On ne réussit pas par hasard. En aucun cas ! Vous réussissez en vertu d'un dessein qui est à la fois humain et divin. Lorsqu'on voit un bon produit, vous n'avez besoin de personne pour vous dire qu'énormément de réflexion, de planification, de conception et de dur labeur ont été nécessaires pour le produire. Ce même principe est valable dans d'autres domaines de notre vie. Je crois que c'est une compagnie automobile qui a dit que c'est une bonne pensée qui génère de bons produits. Mais retournons à Néhémie. Il a bien planifié son voyage et sa mission à Jérusalem dès le premier jour. Vous pouvez trouver tout cela dans le contenu de la requête qu'il fait au roi . Examinons-la :

« Je dis encore : 'Si tel est le bon plaisir du roi, <u>qu'on me donne des lettres pour les gouverneurs de la province qui est à l'ouest de l'Euphrate, afin qu'ils facilitent mon passage jusqu'en Juda ; et aussi une lettre pour Asaph, l'inspecteur des forêts royales, afin qu'il me fournisse du bois de charpente pour les portes de la citadelle qui protègera la maison de Dieu, le rempart de la ville, et la maison où je vais m'installer.'</u> Le roi me l'accorda, car la main bienfaisante de mon Dieu était sur moi. »

Deuxième livre de Néhémie, 2, 7-8

Il a demandé des laissez-passer (visa) afin de ne pas avoir de problèmes en chemin. Pour lui permettre au moins d'atteindre sans danger le lieu où il devait se rendre. Il a demandé une lettre pour l'inspecteur des forêts pour avoir assez de matériel pour ses réalisations/travaux. On l'a également doté d'une escorte. La roi lui a donné des officiers pour le protéger. Et lorsqu'il est arrivé à Jérusalem, les ouvriers et le peuple étaient prêts à commencer les travaux. Il a planifié les matériaux, les ouvriers, la protection, le logement et les déplacements. Et lorsqu'il est arrivé à Jérusalem il apparaissait évident que Néhémie était tout à fait prêt pour le travail – d'un point de vue spirituel, mental et physique. Il n'est pas étonnant que la tâche ait été accomplie en un temps record de cinquante-deux jours ! Complètement reconstruire une ville détruite par le feu et le rempart détruit qui avait été en ruines pendant tant d'années en ce laps de temps ? C'est incroyable !

Lorsqu'on planifie bien, la tâche devient plus facile à accomplir. Un bon plan est un peu comme si le travail était déjà à moitié accompli. Un bon plan réduit les pertes de temps, les efforts et le matériel. Avez-vous déjà vu des ouvrages, par exemple un bâtiment ou un voyage qui n'étaient pas bien planifiés ?

Néhémie était lui aussi très méticuleux. Il faisait attention aux détails. Lors de votre planification (mais aussi de la vision et de la réalisation), je vous en prie, faites attention à tous les détails. Tout a de l'importance. Ne faites pas non plus l'erreur de négliger quoi que ce soit, même si ça vous semble insignifiant. Ne prenez rien pour acquis. Ce que vous négligez aujourd'hui pourrait se révéler déterminant demain. Je me suis rendu compte que les gens qui ont du succès sont souvent méticuleux. Ils font attention aux détails. Maintenant avez-vous planifié un projet dans lequel vous êtes sur le point de vous investir ? Avez-vous un plan pour cette vision, ce ministère, pour votre vie ?

Ensuite remettez vos plans entre les mains de Dieu. C'est intéressant, après avoir bénéficié de toutes les faveurs et avoir planifié son voyage avec succès, Néhémie admit franchement que tout avait bien marché parce que la main de Dieu était au-dessus de lui. J'aime beaucoup ça ! En effet, on peut avoir fait une planification extraordinaire, mais si Dieu n'est pas là pour la soutenir, elle va certainement être un échec. C'est vrai. C'est pourquoi vous devez vous soumettre à Lui du tout début jusqu'à la fin. Vous êtes-vous rendu compte que c'est ce que Néhémie a fait ? Il n'a pas arrêté de prier. Même lorsqu'il vous demande quelque chose et que vous êtes sur le point de répondre, il murmure des prières. C'est incroyable ! Certains hommes sont vraiment grandioses ct profonds ! Il n'est pas étonnant qu'il n'ait pas connu l'échec. Comment aurait-il pu ??

Dieu et Ses intérêts doivent faire partie de votre planification, si vous voulez vraiment réussir. C'est lui qui vous a fait avoir la vision. C'est lui qui va vous aider à bien la planifier. Et c'est lui aussi qui vous aide à réaliser vos plans. Ne l'abandonnez pas. En effet, la Bible demande quel est l'homme qui va parler et il commence à le faire quand le SEIGNEUR ne parle pas. Et on peut l'exprimer de la façon suivante : « Qui est cet homme qui va planifier et réaliser quand Dieu ne l'a pas approuvé ». Il faut que la « satisfaction de Dieu » soit présente et qu'Il ait approuvé votre planification si vous voulez obtenir le maximum.

Le timing

Le timing est très important si l'on veut obtenir le succès, et notre ami Néhémie l'avait bien compris. Il a établi le timing de tout ce qu'il devait faire dans ce projet. Il a enregistré le moment où il a reçu le message inquiétant de Jérusalem ; celui où il a exposé la situation au roi ; celui où il a séjourné à Jérusalem ; celui où il est parti et aussi celui où son projet a été réalisé. Le timing est très important lorsque vous avez affaire à Dieu et aux hommes ; toutefois le timing de Dieu est parfois différent de celui des hommes. Nous nous inscrivons dans Son timing. Mais toutefois, les Écritures on dit clairement que tout est possible ici bas.

Ainsi que nous l'avons vu avec Néhémie, il y a un temps pour rêver, un temps pour prier, un temps pour jeûner, un temps pour planifier, un temps pour se déplacer, et un temps pour travailler. Si vous faites un mauvais usage d'une quelconque de ces périodes, vous allez avoir des problèmes, et cela pourra avoir de lourdes retombées sur vos résultats. Il n'est pas possible d'utiliser le temps consacré à l'exécution pour rêver ou pour planifier. Absolument pas ! On ne peut utiliser le temps destiné à la planification pour réaliser. Et vous ne pouvez pas rester assis lorsque vous devriez partir ou vous en aller. En aucun cas ! Toute vision a un timing et un lieu. C'est fondamental pour ce que nous disons ici. Il faut savoir quand rêver, quand planifier et quand se lancer dans la réalisation. Votre succès dépend largement de votre timing. Comment gérez-vous votre temps ? Comment vous introduisez-vous dans le timing de Dieu ? La Bible dit : **« Car c'est encore une vision pour le temps fixé »** (*Livre d'Habacuc*, 2, 3).

Si vous aviez connu Dieu, vous pourriez témoigner du fait qu'Il a du temps pour presque tout ce qu'Il fait, et parfois, quand vous le manquez cela devient un problème. Revenez donc à la création. Il a établi le timing de tout le processus de la création : **premier jour, deuxième jour, troisième jour, quatre, cinq, six et sept**. Aucune activité ne déborde sur les autres. Nous avons déjà parlé du fait qu'Il a dit à Abraham que Ses descendants vont passer **quatre-cents ans** en exil. Lorsqu'il vient bénir Sara en lui donnant un enfant il dit à Sara et à Abraham : « Je reviendrai chez toi au temps fixé pour la naissance, et à ce moment-là, Sara, ta femme, aura un fils » (*Livre de la Genèse*, 18, 10).

Lorsqu'Il décida de faire sortir par la force les Israélites de l'esclavage en Égypte, Il leur dit qu'il allait venir à **minuit**. Lorsqu'il voulut abattre les murs de Jéricho, Il leur ordonna de marcher autour d'eux **13 fois** (six plus sept). Lorsque les choses allaient mal pour Israël, Il parla par la bouche d'Élisée, disant qu'il arrangerait les choses : « demain (…) exactement à la même heure » (*Deuxième livre des Rois*, 7,1). Lorsque Jérémie intercéda pour son peuple, Il lui dit qu'Il leur rendrait visite de nouveau après qu'ils auraient passé soixante-dix ans à Babylone. Et lorsque le roi Josaphat pria pour son intervention, Il lui dit ainsi qu'au peuple de Juda : « Demain, descendez vers eux » (*Deuxième livre des Chroniques*, 20, 16).

Le timing ! C'est Dieu à votre service ! Il travaille avec le temps. Et si vous avez l'intention de travailler avec Lui, si vous souhaitez bénéficier d'un succès hors du commun, il va vous falloir tenir compte de ce principe divin concernant le timing. Et il n'est pas uniquement question de respecter votre propre timing, mais aussi d'être conscients du timing divin. De savoir lorsque Dieu veut que vous bougiez et lorsqu'il veut que vous restiez immobiles. Cela va être fondamental. Il y a des moments pour les opportunités divines et pour les portes ouvertes. Cela est vrai. Il ne faut pas les manquer. Si cela devait vous arriver pas mal de temps pourra s'écouler et d'autres efforts seront nécessaires avant qu'une autre opportunité se présente.

Par exemple, lorsque cet ange vint ouvrir les portes de la prison de Pierre, que ce serait-il passé si ce dernier avait refusé de sortir ou de suivre ses instructions, que pensez-vous qu'il se serait produit ? Pensez-vous vraiment qu'un autre ange serait venu pour la même mission ? De même, que serait-il advenu si quelques-uns des Israélites avaient refusé de partir avec les autres la nuit de Pessah, que ce serait-il passé ? Nous devons nous efforcer de suivre le timing de Dieu. La différence entre le succès et l'échec est souvent notre réponse à Son timing et à Sa volonté. Écoutez ce que dit Néhémie ici :

« Le roi, qui avait la reine à côté de lui, me demanda : 'Combien de temps durera ton voyage ? Quand reviendras-tu' Je lui indiquai une date qu'il approuva, et il m'autorisa à partir. »

Livre de Néhémie, 2, 6

Tout était mesuré par le temps. Mais c'est important ici, il a fixé une date (temps) pour son départ. Il y a un moment pour commencer à accomplir cette vision et ça pourrait être MAINTENANT ! Ne perdez pas davantage de temps. C'est le moment de partir, de commencer. Je m'adresse à cette personne qui a gaspillé tant de temps et d'opportunités. Cette vision que vous portez en vous va parler maintenant au nom de Jésus ! Je l'autorise à sortir MAINTENANT ! Ou bien voulez-vous attendre votre mort pour l'accomplir ? Comprenez-moi, si je n'écris pas ces livres maintenant, quand le ferai-je ? Quand je serai mort ?? Dites moi. Je ne mourrai pas avec la vision de Dieu en moi ! Néhémie est parti !

Il a inspecté la région

Lorsque Néhémie est arrivé à Jérusalem, il est sorti dans la nuit, a fait un tour de la ville pour s'assurer lui-même de la situation ; la destruction était réelle et les travaux qu'il fallait réaliser étaient énormes. Je crois que cet homme était particulièrement doté de sagesse administrative. Il le fit tranquillement, sans trop attirer l'attention. Les grands réalisateurs n'attirent pas d'attention inutile et déplacée sur leurs actions ou sur leurs rêves, notamment pendant la phase de l'incubation. Beaucoup de gens perdent leurs visions à ce moment-là. Lorsqu'on s'expose ou qu'on expose ses rêves au grand jour prématurément, on peut courir le risque de les perdre ou de causer sa propre perte. C'est l'erreur qu'a fait Joseph. Ce dernier a fait part de ses rêves de façon naïve, prématurée, avec innocence et enthousiasme à ses frères, et poussés par leur haine et par leur jalousie, ils ont presque réussi à l'anéantir, lui et ses rêves :

« 'C'est le moment, allons-y, tuons-le, et jetons-le dans une de ces citernes. Nous dirons qu'une bête féroce l'a dévoré, et on verra ce que voulaient dire ses songes !' »

Livre de la Genèse, 37, 20

Faites attention, les « frères de Joseph » sont toujours vivants aujourd'hui, et ils sont partout. Ils sont tout autour de vous. Je vous en prie, faites attention. Soyez prudents. Dieu lui-même garde la plupart de Ses plans pour Lui-même. C'est vrai. Même les Écritures disent que les choses secrètes appartiennent à Dieu. Il garde beaucoup de secrets. C'est peut-être pour ça qu'il réussit. Ne révélez rien tant que ce n'est pas le moment !

J'ai eu une expérience épouvantable quand j'écrivais mon deuxième ouvrage. Il y avait un ministre du culte de grade supérieur qui était mon ami, et à qui j'avais fait part du sujet que je souhaitais traiter et de mes idées concernant ce travail. Je ne croyais pas courir de risques, mais en un rien de temps, cet homme s'était dépêché d'écrire sur le même sujet et s'était servi de sa position pour diffuser sa publication dans tout le pays. Vous pouvez imaginer une chose pareille ! Je me suis senti vraiment mal. Je me sentais trahi. Mais lorsqu'on est béni, on l'est véritablement ! Je me suis armé de courage et j'ai achevé mon travail, d'ailleurs lorsque vous lisez mes travaux, vous vous rendez compte que c'est original, inspiré et une bénédiction pour l'Église. Une imitation ne pourra jamais être comme l'original ! Continuez à être vous-mêmes, priez, soyez authentiques et travaillez avec acharnement et personne ne pourra vous voler votre place. Évitez de faire part de vos rêves à n'importe qui. Ne les annoncez pas prématurément, si vous ne voulez pas les perdre ou courir à votre perte.

Néhémie n'a pas fait part de sa mission à autrui tant qu'il n'a pas eut fini de planifier, d'inspecter, d'enquêter et d'évaluer le travail qu'il fallait faire :

« Je suis donc arrivé à Jérusalem, j'y suis resté trois jours. Puis je me suis levé, de nuit, accompagné de quelques hommes, <u>mais je n'avais confié à personne ce que mon Dieu m'avait inspiré d'accomplir en faveur de Jérusalem</u> ; je n'avais avec moi aucune autre bête de somme que ma propre monture. Pendant la nuit, je sortis de la porte de la Vallée, je me rendis devant la source du Dragon, puis à la porte du Fumier : j'inspectai attentivement les remparts de Jérusalem qui n'étaient que brèches et dont les portes avaient été dévorées par le feu. Je poursuivis mon chemin vers la porte de la Source et le réservoir du Roi, et je ne trouvai plus de passage pour la bête que je chevauchais. Je remontai donc de nuit par le ravin, inspectant toujours attentivement le rempart, je rentrai par la porte de la Vallée et je m'en revins.

Les magistrats ne surent pas où j'étais allé ni ce que j'avais fait. <u>Jusque là je n'avais rien révélé aux Juifs, prêtres, notables, magistrats, ni aux autres qui étaient chargés des travaux</u> »

Deuxième livre de Néhémie, 11, 16

Par la suite, lorsqu'il fut tout à fait sûr que les travaux allaient pouvoir commencer, qu'il n'y avait plus de risque d'échec, il rassembla les dirigeants politiques et religieux et le peuple, et partagea sa vision avec eux. Le résultat fut exceptionnel. Comme les bases spirituelles, matérielles et stratégiques avaient été posées, la réaction du peuple fut positive.

Partagez votre vision, faites participer autrui

Vous devez faire participer les autres à vos rêves si vous voulez qu'ils connaissent un développement au-delà de vous. Il y a des gens que Dieu a réservé pour vous aider à interpréter et à réaliser cette vision. Il vous faut les identifier en priant et en étant très prudents ; partager votre rêve (lorsque ce sera le moment) avec eux, et si possible vous associer à eux pour le réaliser. Tous les rêves ne peuvent pas être gérés par une seule personne. Il y a des visions qui dépassent les forces du rêveur, de sa famille ou de ses amis. Il y a des rêves qui sont très vastes et très lourds à porter, qui pourraient briser quiconque s'il s'obstinait à les garder secrets ou à les administrer seul. C'est vrai ! Néhémie a fait intervenir les autres. Mais avant de revenir à lui, voyons comment d'autres on fait.

Jésus

Examinons le ministère de Jésus Christ. Malgré toute sa sagesse, son onction et sa nature divine, Il ne pouvait pas exécuter sa mission seul. Après son expérience de quarante jours et de quarante nuits (où il reçut son projet), Il revint de là et il se mit immédiatement à chercher des gens pour l'aider à accomplir sa vision. Il avait les douze apôtres, les cent-vingt disciples, Ses suivants, les disciples secrets comme Nicodème et Joseph d'Arimathie. Même parmi les apôtres Il avait Pierre, Jacques et Jean qui étaient ses plus proches confidents. Parmi les autres qui étaient là, il y avait le bien-aimé Jean. Et parmi les femmes faisant partie de son entourage, Marie et Marthe appartenaient à une catégorie particulière. Il se rendait toujours chez elle pour se rafraîchir.

Mais ne me demandez pas si elles étaient d'excellente cuisinières, car je n'en ai pas la moindre idée. Mais le fait est qu'elles obtinrent la faveur et la confiance du SEIGNEUR. Puis Juda le voleur, le traître devait lui aussi accomplir sa part ignoble de la mission. Il y avait des niveaux différents et sortes de supporters, de partenaires et d'aides pour Lui. Chacun avait un rôle à jouer. Lorsque vous priez, Dieu les amène vers vous afin qu'ils vous aident à réaliser votre rêve. Toute vision, tout rêve fait intervenir des aides qui sont recrutées de façon divine et qui attendent qu'on les découvre et qu'on les fasse monter à bord.

Moïse essaie de s'en sortir seul

Le Grand Moïse a essayé de faire tout tout seul et à failli y rester. Grâce à Dieu il avait un beau-père, Jethro, qui était très sage et qui lui conseilla de déléguer certaines tâches à d'autres. Partager sa vision. Je crois que ce passage est l'un des meilleurs que vous trouverez dans les Écritures pour ce qui est de l'enseignement sur l'aide en matière de vision et sur le fait de déléguer des tâches, c'est pourquoi je vous demande l'autorisation de vous soumettre toute l'histoire. Vous êtes d'accord ? Nous y trouverons des leçons et des enseignements importants :

« Or le lendemain , Moïse siégea pour rendre la justice au peuple, et le peuple resta devant Moïse du matin jusqu'au soir. Le beau-père de Moïse vit tout ce que celui-ci faisait pour le peuple. Il lui dit : 'Que fais-tu là pour le peuple ? <u>Pourquoi es-tu seul à siéger</u>, tandis que tout le peuple est debout devant toi du matin au soir ?'

Moïse dit à son beau-père : 'C'est que le peuple vient à moi pour consulter Dieu. S'ils ont un litige, ils viennent me trouver ; je leur rends justice, et je fais connaître les décrets de Dieu et ses lois'. Le beau-père de Moïse lui dit : '<u>Ta façon de faire n'est pas bonne. Tu vas t'épuiser complètement, ainsi que ce peuple qui est avec toi. La tâche est trop lourde pour toi, tu ne peux l'accomplir seul.</u> Maintenant, écoute-moi ! Je vais te donner un conseil, et que Dieu soit avec toi ! Tiens-toi face à Dieu au nom du peuple : tu présenteras les litiges devant Dieu, tu informeras les gens des décrets et des lois, tu leur fera connaître le chemin à suivre et la conduite à tenir. <u>Toi, tu distingueras , dans tout le peuple, des hommes de valeur, craignant Dieu, dignes de confiance, incorruptibles, et tu les institueras officiers de millier, officiers de centaine, officiers de cinquantaine et officiers de dizaine.</u> Ils auront à juger le peuple en tout temps. Les affaires importantes ils te les présenteront, mais les affaires mineures, ils les jugeront eux-mêmes. <u>Allège ainsi ta charge. Qu'ils la portent avec toi !</u> »

Livre de l'Exode, 18, 13-22

C'est incroyable ! Ça témoigne vraiment d'une grande sagesse ! Allège ainsi ta charge. Qu'ils la porte avec toi ! C'est vrai ! C'est la raison pour laquelle vous devez partager votre vision avec autrui, le faisant monter à bord et lui délégant des tâches et de l'autorité. Vous ne pourrez pas y arriver seuls, notamment si votre vision prend de l'ampleur. Jusqu'à un certain niveau vous pouvez gérer les choses tout seul, mais il y a un niveau d'expansion et de succès que vous pourrez atteindre si vous faites participer d'autres personnes. Et toutefois vous devez les sélectionner soigneusement au moyen de la prière. La Bible soutient cette théorie, lorsqu'elle affirme que :

« Cinq d'entre vous en poursuivront cent, et cent d'entre vous en poursuivront dix mille (…) !»
Lévitique, 26, 8

La multiplication du succès et sa poursuite ! Est-ce clair ? J'aime beaucoup faire référence aux Écritures. Il n'y a aucune commune mesure entre la sagesse, le rendement, l'engagement, les contacts et la force collective et diversifiée d'une multitude et celle d'un seul homme. Jamais ! Plus il y a de gens, moins la tâche est lourde, plus la réalisation et rapide et plus éclatant est le succès que vous allez obtenir. Je vous en prie, impliquez d'autres personnes. Ouvrez-vous !

Néhémie possédait sa sagesse. Il revint et partagea sa charge et sa vision avec son peuple, et il accepta et se joignit à lui avec enthousiasme pour accomplir sa tâche.

« Je leur dis alors : 'Vous voyez la détresse où nous sommes : Jérusalem est en ruines, ses portes ont été dévastées par le feu. Venez ! Allons rebâtir le rempart de Jérusalem, et nous ne seront plus un sujet de honte !' Je leur révélai comment la main bienfaisante de mon Dieu avait été sur moi, et aussi comment le roi m'avait parlé. Ils s'écrièrent : 'Mettons-nous à reconstruire !' Et, avec courage, ils se préparèrent à cette belle œuvre. »

Livre de Néhémie, 2, 17-18

Vous a-t-on béni ? Essayons de le découvrir. Envoyez-moi un mail le plus rapidement possible : gabrielagbo@yahoo.com ou bien appelez-moi : +234 – 803 711 32 83

Un dur travail

Rien ne peut remplacer un dur travail. Le travail est le moment où vous commencez à réaliser votre vision ainsi que vous l'avez planifiée. Après avoir reçu la vision, le rêve, vous la planifier et vous vous mettez au travail. Si vous ne le faites pas, votre vision va demeurer un rêve, faute d'être réalisée. En d'autres termes, le travail est l'interprétation matérielle de votre vision. Néhémie et son peuple ont travaillé tellement durement qu'ils ont réussi à réaliser la vision qui consistait à reconstruire les remparts de la ville et la ville de Jérusalem. Il faut travailler durement, très durement si nous voulons voir se réaliser la vision que Dieu nous a donnée. Indiquez-moi un homme ayant réussi, et je vous démontrerai que c'est un gros travailleur.

Dieu merci, il ne s'est pas arrêté au stade du rêve. Il a planifié et s'est immédiatement mis au travail, raison pour laquelle il a obtenu un grand succès. Un succès monumental, un succès hors du commun ! Je crois que nous devrions tous apprendre ça de Dieu lui-même. Après avoir plané au-dessus de la planète, Il s'est mis au travail, réalisant Sa vision d'une nouvelle et belle terre. Il avait travaillé avec un tel acharnement qu'Il décida de se reposer le septième jour. Ne me demandez pas s'il était fatigué car je ne le sais pas. Mais la Bible a dit qu'il s'était reposé. Et seule une personne qui a dépensé de l'énergie, travaillé très durement peut parler de se reposer. Dieu a travaillé et continue à le faire. Ou bien pensez-vous que gérer ce vaste univers est chose facile ? Il contrôle Sa création jour et nuit.

Ainsi donc, si vous êtes Dieu, comme lui vous devez travailler très durement. Il y a des gens qui font l'erreur d'enregistrer une vision et de se limiter à prier pour qu'elle se réalise. Ils vous disent que c'est Dieu qui va s'en occuper à partir de maintenant. Mais non ! Ça ne marche pas comme ça. Même si vous avez prié, il vous faut planifier et travailler pour la réaliser ; avec l'aide de Dieu. En travaillant vous ne faites qu'afficher cette image créative obtenue selon la ressemblance avec Dieu. Dieu veut vous bénir, mais Il dit qu'Il va bénir le travail que vous aurez accompli de vos mains. Il va bénir ce que vous faites ! Cette chose n'est-elle pas dans vos Bibles ? C'est vous qui allez planter et arroser, mais c'est Lui qui va faire en sorte que ça pousse. Dieu ne va pas venir planter et arroser à votre place. C'est vous qui devez le faire. Le principe est que si vous ne travaillez pas et que vous ne plantez pas il se peut qu'Il ne trouve aucune raison pour vous bénir. En travaillant, nous établissons un canal pour recevoir la bénédiction divine.

Avez-vous également remarqué que quand Dieu veut vous envoyer un miracle, souvent Il veut que vous y participiez ? Il vous dit de faire une chose ou une autre chose réellement pour démontrer votre foi. Le travail est la démonstration concrète de notre croyance intime en ce que Dieu nous a dit. Je crois que quelqu'un dans le Nouveau Testament a dit qu'il va vous prouver sa foi à travers son travail – et c'est ce qu'il fait.

Il a dit que la foi avec le travail est morte. Est-ce Jacques ? C'est cela. Examinons cela : lorsque les rois de Juda, d'Israël et d'Edom et leurs troupes étaient coincés dans le désert en raison du manque d'eau, ils consultèrent Dieu par l'intermédiaire du Prophète, et que leur dit Dieu ? Lisez attentivement :

« Celui-ci déclara : 'Ainsi parle le SEIGNEUR : Creusez dans ce ravin des fosses et des fosses. Car ainsi parle le Seigneur : Le vent, vous ne le verrez pas ; la pluie, vous ne la verrez pas, et pourtant l'eau remplira ce ravin ; et vous boirez, vous, vos troupeaux et vos bêtes de somme.' »

Deuxième livre des Rois, 3, 16-17 (KJV)

Réalisons des canaux ! Est-ce clair ? Dieu leur a assuré qu'Il allait leur apporter de l'eau, mais qu'il fallait qu'ils creusent des fosses, des endroits où l'eau puisse être stockée. En travaillant, vous réalisez ce canal pour votre bénédiction ainsi que l'endroit où elle va être stockée. Il faut bien comprendre ce principe si nous voulons avoir du succès. Il ya quelque chose que Dieu vous a donné à faire; vous devez y travailler très durement jour et nuit comme l'a fait Néhémie, si vous voulez obtenir le succès maximum.

Prenez l'exemple de Jésus Christ. Il a travaillé si durement. C'était quelqu'un qui bénéficiait d'une naissance, d'une grâce et d'une onction exceptionnelles, et néanmoins Il a tout de même travaillé pour obtenir un succès hors du commun. La nuit, vous le trouvez en train de prier dans la montagne. Au levé du jour, Il est déjà à la synagogue ou ailleurs en train de prêcher, d'enseigner ou de soigner les malades. Même le jour du Sabbat, Il continue à travailler. L'avez-vous remarqué ? Et regardez ce qu'il advint lorsqu'Il soigna un homme qui était malade depuis 38 ans à la piscine de Bethzatha un jour de Sabbat. Les dirigeants des Juifs trouvèrent à objecter à cela et lui dirent que c'était illégal, et qu'il ne pouvait pas travailler le jour de repos. Maintenant voyons la réponse de Jésus :

« 'Mon père est toujours à l'œuvre, et moi aussi je suis à l'œuvre'. »

Évangile selon saint Jean, 5, 17

Ô mon Dieu ! Parvenez-vous à faire mieux que ça ? Dieu est toujours à l'œuvre, ainsi pourquoi ne devrions-nous pas être nous aussi à l'œuvre? IL FAUT QUE NOUS RÉALISIONS NOTRE

VISION PAR LE TRAVAIL ! Et c'est lui aussi qui nous a dit que nous devions travailler tant qu'il faisait jour. Si vous voulez être quelqu'un de prestigieux, si vous voulez réussir, si vous voulez obtenir un succès hors du commun, il va vous falloir travailler très durement. Et pas seulement travailler, vous devez travailler durement sur la vision que Dieu vous a envoyée. J'aime beaucoup la manière dont Habacuc résume tout ce que nous venons de dire ici :

« Alors le SEIGNEUR me répondit : Tu vas mettre par écrit une vision, clairement, sur des tablettes, <u>pour qu'on puisse la lire couramment'</u> »

Livre d'Habacuc, 2,2

Obtenez la vision, établissez les plans et commencez à travailler avec eux. C'est tout ! Ceux qui reçoivent des visions doivent être prêts à vivre constamment avec elles. On ne peut pas rester assis et qu'elle soit réalisée. Levez-vous ! Vous ne pouvez pas vous permettre d'être paresseux ou content de soi avec elle. Levez-vous et continuez à bouger, continuez à travailler ! Il vous faut vivre sans cesse avec elle. Il faut que vous soyez debout et actifs. Louange à Dieu ! Néhémie a travaillé tellement durement pour réaliser sa vision. Les hommes de succès sont généralement de gros travailleurs. Ils sont mobiles. Ils sont toujours en mouvement – en train de travailler pour voir leurs rêves se réaliser. Écoutez-le :

« Ainsi étions-nous au travail depuis le lever de l'aurore jusqu'à l'apparition des étoiles (…)»

Livre de Néhémie, 4, 15

En outre, Néhémie stimulait physiquement et spirituellement ses partenaires et ses ouvriers. C'est aussi ce que vous devrez faire si vous voulez atteindre ce niveau de succès. Il faut que vous appreniez à mobiliser et à motiver les gens, afin de réaliser vos rêves. C'est très important, Il a inspiré les autres en s'engageant personnellement dans le travail. Il les a encouragés de temps à autre se faisant fort de l'assurance de la protection divine, de son soutien et de sa récompense. Tout ccla est très important si vous voulez que les gens vous fassent confiance et travaillent pour votre vision. Il a su faire preuve d'autorité et de la leadership lorsque c'était nécessaire. Il était avec eux dans le danger et dans la sécurité, raison pour laquelle ils lui on fait confiance.

Le sacrifice

Enfin il y a le fait que Néhémie a fait beaucoup de sacrifices lors de réalisation de son projet. Le succès, un succès hors du commun, nécessite énormément de sacrifices. Vous allez sacrifier votre confort personnel, votre plaisir. Vous allez sacrifier votre temps, votre ego et parfois vos ambitions les moins importantes. N'oubliez pas qu'il a abandonné son poste enviable au palais à Susa pour venir trimer, pour travailler à ses ruines brulées et carbonisées de murs et de maisons. Il aurait pu rester au palais et mener la belle vie, laissant la ville en ruines et les remparts à ceux qui étaient demeurés là. Il faut toujours avoir le courage de quitter nos zones de confort pour réaliser un intérêt divin collectif supérieur. Un succès hors du commun se trouve toujours là. Jésus a quitté sa place au ciel pour venir sur la terre pour payer le prix suprême qui va lui valoir Son succès hors du commun – un nom qui est au-dessus de tous les noms ! Il n'y a pas de succès exceptionnel sans un sacrifice exceptionnel. En effet, partout ou vous apercevez un succès éclatant cela veut dire que quelqu'un vient d'en payer le prix. Il n'y a pas de grandeur sans sacrifices. Néhémie en a payé le prix. Outre le fait qu'il a participé personnellement au travail et qu'il l'a supervisé, il a renoncé à ce qui lui revenait et à son confort uniquement pour venir en aide à son peuple. C'est un grand homme !

Surmonter les obstacles

Chapitre Huit
Surmonter les Obstacles

Vous devez vous attendre à ce qu'il y ait des obstacles sur votre chemin vers le succès. En effet, lorsqu'il n'y a pas d'obstacles du tout, vous avez tout intérêt à vous demander si vous êtes sur la bonne voie. C'est très vrai. La chemin qui conduit à de grands destins, objectifs ou réalisations est très souvent tapissé de « mines ». Il n'est donc pas étonnant que la Bible nous mette en garde, nous disant qu'il n'est pas étonnant d'être confrontés à ce genre d'obstacles, mais avec la prière, la foi et du courage, vous les affronterez, en vous concentrant sur votre but et vous obtiendrez le succès. Oui, des obstacles, des barrières, des oppositions, il y en aura, mais réjouissez-vous, car Dieu a déjà contribué à votre victoire ! J'ai dit réjouissez-vous !

Néhémie ne s'est pas vu épargner ces obstacles. Dès qu'il a commencé à agir pour réaliser sa vision, ses ennemis s'en ont pris à lui. Et cela à bien deux reprises, mais ils ont commencé dès le début, et ils l'ont attendu continuellement. Il a combattu cette opposition tant que son projet n'a pas été réalisé. Et ce n'étaient pas des ennemis ordinaires, mais des ennemis dont l'objectif était de totalement anéantir le rêve et le rêveur. Voici ce que nous apprend Néhémie :

« 'Je me rendis auprès des gouverneurs de Transeuphratène et je leur remis les lettres du roi. Le roi m'avait fait escorter par des officiers de l'armée et des cavaliers. Sânballath le Horonite et Tobie, le fonctionnaire ammonite, l'apprirent, et ils se montrèrent for mécontents que quelqu'un soit venu pour s'enquérir de ce qui était bon pour les fils d'Israël' ».

Livre de Néhémie, 2, 9-10

Tobie et Sânballath

C'est vrai, les ennemis, à savoir Tobie et Sânballathn, furent irrités que quelqu'un soit venu aider le peuple de Dieu. D'ailleurs la Bible définit leurs sentiments. Elle dit qu'ils étaient « très mécontents ». Croyez-moi, surtout s'agissant d'une vision, d'un projet ou d'une mission venant de Dieu, celui qui aidera son peuple s'attirera toujours les foudres de ses ennemis. Et toutes les visions ont leurs Tobie et Sânballath. Si vous êtes en train de réaliser une mission et qu'aucun ennemi ne s'en est pris à vous, alors vérifiez soigneusement que cette vision vient bien de Dieu. Toute mission divine DOIT nécessairement être attaquée par des ennemis. Et je vais brièvement vous en expliquer la raison. C'est parce que tout accomplissement d'un projet divin est une atteinte au royaume de Satan et lui rappelle également sa défaite ultime. C'est pourquoi il lutte contre les projets divins afin de les anéantir en ayant recours à tous les moyens. J'entends bien à tous les moyens. Et votre projet ne sera pas exclu.

Tobie et Sânballath étaient très mécontents que Néhémie vienne reconstruire les remparts et la ville de Jérusalem qui avaient été détruits. Ainsi que je l'ai souligné, toute mission a ses Tobie et Sânballath. Ils peuvent être spirituels ou réels. Mais indépendamment de la façon dont ils se manifestent, ce qui est important c'est qu'ils proviennent d'une seule source, à savoir de Satan. Satan est l'ennemi juré de Dieu et des hommes. Même lorsque vous assistez à des manifestations à l'extérieur, elles sont toutes orchestrées par Satan, le Diable. Absolument ! Qu'elles agissent contre votre union, contre vos affaires, contre votre ministère, contre votre famille, contre votre santé, contre vos visions, contre votre joie, etc…. elles viennent toutes de lui. Il éprouve une haine féroce à l'égard de Dieu et des hommes, et il s'en prendra toujours à leurs projets. Alors, la prochaine fois que vous vous heurterez à des oppositions, regardez au-delà de l'agent humain et voyez qui est responsable du problème. Vous devriez commencer par lui répondre et le bloquer, pour ensuite résoudre l'aspect humain et physique de cette question. Dieu merci c'est ce que Néhémie a fait et il en est sorti vainqueur !

Ainsi, et c'est une chose intéressante, nous trouvons les différentes phases de l'opposition à notre succès dans l'expérience de Néhémie et nous souhaitons les commenter l'une après l'autre. Vous êtes d'accord ? C'est bon, allons-y :

Le mécontentement

Les ennemis étaient mécontents à cause de la vision de Néhémie et de son désir d'essayer de reconstruire la ville détruite. Attendez-vous à subir le mécontentement de vos ennemis chaque fois que vous allez vous efforcer d'avancer dans votre destinée ou dans votre vision. Ils ne veulent pas vous voir progresser, mais régresser. Ils veulent que vous restiez tels que vous êtes, ou tout au plus que vous soyez au même niveau qu'eux. Toute action que vous tenterez pour progresser vers votre succès ne pourra que susciter leur mécontentement. La plupart du temps les gens n'encouragent pas les autres à les dépasser, et ils manifestent souvent leur colère ou leur envie à leur égard. Vous vous souvenez lorsque Joseph a parlé de ses rêves à ses frères ? Ils le haïssaient et ont essayé de le tuer et d'anéantir ses rêves. Vous vous souvenez de ce qu'ils ont dit tandis qu'il s'approchait d'eux à Dothan ?

« 'C'est le moment, allons-y, tuons-le, et jetons-le dans une de ces citernes. Nous dirons qu'une bête féroce l'a dévoré, et on verra ce que voulaient dire ses songes !' »

Livre de la Genèse, 37, 20

Avez-vous lu ce passage ? Dieu merci son frère Reuben était inspiré par Dieu et l'a sauvé, autrement ils l'auraient assassiné dans cette forêt. Et quel était le problème ? Ses rêves ! Ses visions de succès ont fait naître la colère et la jalousie chez ses frères. Et maintenant tout ça allait se transformer en une conspiration, un meurtre et une tentative d'étouffer l'affaire. Votre vision pourra susciter la colère de vos ennemis qui seront prêts à tout pour y mettre un terme. Soyez prudents, et priez. Grâce à Dieu, Néhémie et Joseph ont survécu à tout ça. Certains n'ont pas eu cette chance. Ils y a des gens qui ont péri juste après avoir parlé de leurs visions. C'est vrai.

Et que dire du cas de Jésus qui réchappa par miracle à la mort lorsque les mages annoncèrent à Hérode qu'ils avaient vu l'étoile du nouveau roi des Juifs. Il a fallu toute l'ingéniosité de Dieu pour Le sauver de la colère d'Hérode. Hérode a fait tout ce qui était en son pouvoir pour se débarrasser de Jésus et, ayant échoué, il a immédiatement ordonné le massacre de milliers d'enfants innocents dans les environ de Bethléem, dans l'espoir que Jésus serait touché. Il n'y a pas de limite à ce que peuvent faire la colère et la jalousie. Il est évident que les gens vont être mécontents de votre vision, et certains d'entre eux ne le montreront pas, car ils afficheront des visages souriants. Priez, soyez vigilants et allez de l'avant.

La raillerie

Tout projet suscité par Dieu suscite les railleries de Satan. C'est ça, j'ai dit Satan, car c'est lui qui est responsable de tout ça. La raillerie peut provoquer de la peine et des frustrations. En effet, Jésus lui-même éprouva de la peine lorsqu'on se moqua de lui. Le peuple même qu'il était venu sauver le tournait sans cesse en ridicule. On le traitait d'usurpateur, d'imposteur, de roi des démons, de menteur, de traître. Et, même sur la croix, l'un des voleurs qui étaient là s'est moqué de Lui. Grâce à Dieu, il a continué à prier, s'est concentré, s'est consacré à Sa vision qui consistait à sauver les hommes.

C'est exactement ce que vous devez faire chaque fois qu'on se moque de vous ; il faut continuer à prier, et vous concentrer sur votre vision. Aucune destinée ou vision couronnées de succès n'ont été exemptes de moqueries. Et parfois ceux qui se moquent de vous proviennent de milieu inattendus ou même auxquels vous faites confiance. Mais si vous restez concentrés, tous ceux qui vous auront tourné en dérision en viendront à vous louer à se réjouir avec vous lorsque vous aurez réussi. Certains d'entre eux vous apporteront même leur aide, comme les frères de Joseph. Le succès est un mot gagnant ! Vous vous souvenez aussi que ces mêmes gens qui ont tué Jésus et qui l'ont tourné en dérision tandis qu'il se trouvait sur la croix, presque immédiatement après ont recommencé à Le louer après avoir vu les grands signes après qu'il était ressuscité. Lisez donc ce passage :

« Mais Jésus, poussant de nouveau un grand cri, rendit l'esprit. Et voici que le rideau du Sanctuaire se déchira en deux, depuis le haut jusqu'en bas ; la terre trembla et les roches se fendirent (…) À la vue du tremblement de terre et de ces événements, le centurion et ceux qui, avec lui, gardaient Jésus, furent saisi d'une grande crainte et dirent : 'Vraiment, celui-ci était le Fils de Dieu !' »

Évangile selon saint Matthieu, 27, 50-54

Avez-vous lu ça ? Ce sont les mêmes gens, les mêmes bouches, la même occasion. Juste quelques minutes plus tard, parce qu'ils ont assisté à la démonstration surnaturelle, ils ont commencé à reconnaître cet homme comme le fils de Dieu ! C'est ce que feront les hommes. Ceux qui vous auront persécutés, tournés en dérision et qui auront agi contre vous vont bientôt prier Dieu avec vous ! Mais il va vous falloir vous armer de courage et vous battre pour obtenir ce succès. Soyez forts et concentrés sur votre objectif !

Lorsqu'ils ont eu connaissance de la vision de Néhémie de venir reconstruire la ville de Jérusalem détruite et dévastée par les flammes, ils ont été mécontents, et lorsqu'ils ont vu que le travail avait commencé, ils ont commencé à se moquer. Voici ce qu'ils ont dit :

« Lorsque Sânballath apprit que nous reconstruisions le rempart, il fut saisi de colère et se montra très irrité. Il se moqua des Juifs, et s'écria devant ses frères et devant les troupes de Samarie : 'Que font donc ces misérables Juifs ? Ne sont-ils pas en train de réparer pour leur compte ? Vont-ils offrir des sacrifices ? Vont-ils terminer en un jour ? Feront-ils revivre ces pierres à partir des monceaux de décombres ? Elles sont calcinées !'. Tobie l'Ammonite se

tenait à ses côtés ; il dit : ' À construire comme cela, si un renard y montait, il démolirait leur muraille de pierres !' »

Livre de Néhémie, 3, 33-35

C'est une véritable dérision ! Et je ne sais pas si vous avez remarqué quelque chose ici ? Ils sont d'abord **mécontents,** puis ça devient de la **rage** et enfin ils deviennent **furieux.** Une qualification progressive. Et leur nombre évolue aussi. Au début il y a Tobie et Sânballath, puis Geshem l'Arabe se joint à eux, plus tard ils sont très nombreux. Il arrive que l'opposition augmente, mais ça ne doit pas vous décourager. Celui qui est avec vous, Celui qui vous a donné la vision est plus puissant que toutes les oppositions qui peuvent s'acharner contre vous.

Néhémie répondit aux moqueurs que le Dieu du ciel allait les aider à accomplir la vision. Et c'est ce qui s'est passé ! Louange à Dieu ! A nouveau il pria. Le secret c'est la prière. Lisez ce qu'il nous dit :

« 'Écoute, ô notre Dieu, comme nous sommes méprisés ! Fais retomber leur insulte sur leur tête. Livre-les en butin dans un pays de captivité ! Ne pardonne pas leur faute et leur péché ne soit pas effacé devant toi : car ils ont offensé les bâtisseurs ! »

Livre de Néhémie, 3, 36-37

Il avait une telle confiance en Dieu et en la prière. À tout moment, il priait. Lorsqu'il était confronté à des oppositions ou à des problèmes, il priait. La prière, la prière et encore la prière ! Procurez-vous mes deux ouvrages intitulés *Power of Midnight Prayer et Prayer of Jehosaphat* pour entrer dans l'esprit de la prière. C'est très important. Néhémie a prié afin que sa vision devienne une réalisation. Il a prié pour qu'on le débarrasse de ses ennemis. Il a prié pour obtenir la faveur de Dieu sur lui-même et sur son projet. Il vous faut prier sans cesse si vous voulez vraiment réussir.

Refuser d'aider

Tandis que vous vous battez pour réussir, il y a des gens qui ne vous mettront pas des bâtons dans les roues, mais qui ne vont pas non plus vous aider. Néhémie a connu ce genre de situations. Le peuple de Teqoa l'a aidé à effectuer le travail, mais les notables ont refusé leur aide. Par exemple, ce sont ces gens qui réparaient la partie située en face de la grande tour et du rempart d'Ophel. Mais les notables se tenaient à l'écart. Pourquoi ? Il peut y avoir bien des raisons différentes. Certaines personnes ne vous aideront pas car elles ne croient pas en vous ou dans vos rêves. D'autres sont peut-être jalouses, envieuses et abritent dans leurs cœurs des choses (qui peuvent être réelles ou pas) contre vous. Mais grâce à Dieu le peuple de Teqoa a obtenu que ses notables se joignent au travail de Dieu. Puisse votre alliance à tout homme ou groupe de personnes vous permettre de réaliser la volonté divine ! Votre première alliance et votre premier amour devrait être vis-à-vis de Dieu, de Son peuple et de Son œuvre. Voyez donc le merveilleux peuple :

« À leur suite travaillèrent les gens de Teqoa, mais leurs notables refusèrent de se plier ».

Livre de Néhémie, 3,5

Ils nous combattent

Lorsque tout ce que nous venons d'évoquer avait échoué, ces ennemis déterminés et désespérés ont commencé à établir des plans pour combattre Néhémie et ses ouvriers. Ils étaient furieux que cet homme ait refusé d'être découragé. Vos ennemis pourraient être furieux contre vous et vos rêves. C'est vrai. Ils détestent voir que vous avez la force d'aller de l'avant, même lorsque vous êtes confrontés à une très forte opposition. C'est vrai, Dieu vous a ouvert une porte, mais les Écritures vous mettent avertissent aussi que vous allez devoir affronter de nombreux adversaires. Et regardez ça, je vous ai dit que les ennemis devenaient chaque jour plus nombreux :

« Lorsque Sânballath, Tobie, les Arabes, les Ammonites et les Ashdodites apprirent que la réparation des remparts de Jérusalem avançait car les brèches commençaient à être comblées, leur colère fut très grande. Ils se liguèrent tous ensemble pour venir attaquer Jérusalem et y jeter la confusion. Alors nous avons invoqué notre Dieu, et à cause d'eux nous avons mis en place une garde de jour et de nuit contre eux (…) Et nos ennemis déclaraient : 'Ils ne se rendront compte de rien, ils ne verront rien, et alors nous surgirons parmi eux, nous les tuerons et nous mettrons fin à l'entreprise !' Mais arrivèrent des Juifs qui habitaient près d'eux et qui déjà dix fois nous avaient avertis de toutes les localités où ils habitaient : 'Il faut que vous reveniez vers nous.' »

Livre de Néhémie, 4, 1-3, 5-6

Il faut que vous considériez votre destinée comme une lutte et comme il advient dans toute guerre, il y aura de nombreuses batailles et de nombreux champs de bataille. Ceux qui s'opposent à votre rêve vont certainement venir pour se battre – physiquement, psychologiquement et spirituellement. C'est vrai. S'ils échouent dans l'une de ces luttes, ils auront recours à une autre. Par exemple, s'ils essaient de vous bloquer spirituellement et qu'ils échouent, ils vont se manifester physiquement. Ou bien s'ils font une tentative physiquement et que vous l'emportez, ils se peut qu'ils aient recours à des moyens spirituels. Mais l'objectif est toujours le même – vous bloquer vous et votre vision ! Ils ont projeté d'envahir Néhémie et ses ouvriers, susciter la confusion et faire cesser les travaux à Jérusalem. Ils ont projeté d'attaquer de toutes parts. Il arrive que les oppositions viennent de toutes les directions. Le but est toujours de nous encercler et de ne pas nous laisser de marge pour nous échapper. Mais le SEIGNEUR va nous indiquer une voie, nous permettant de nous échapper et de remporter la victoire !

Nous devrions dire comme David : « Comme un oiseau, nous avons échappé / au filet du chasseur ! » (*Psaumes*, 123(124), 7). Ils ont vu les progrès inattendus des Juifs, et ils étaient mécontents. La même vieille stratégie des mêmes vieux renards ! Vos ennemis ne sont pas contents que vous continuiez à aller de l'avant, après tout ce qu'ils ont tenté contre vous. C'est vrai, après tout ce que nous avons enduré ! Nous allons nous échapper ! Nous nous sommes échappés !!!

Mais qu'a fait Néhémie ? Il a d'abord prié. Ensuite il s'est doté d'une sécurité pour se protéger, lui et ses ouvriers le jour et la nuit. C'est aussi ce que vous devez faire. Vous devez toujours prier. Lorsque vous priez, Dieu va éloigner vos ennemis et aussi faire échouer leurs plans maléfiques contre votre vision. Dans la mesure du possible, vous devez vous protéger spirituellement et physiquement, ainsi que vos ouvriers et votre vision. Ils sont furieux uniquement à cause de votre vision. Si vous y renoncez aujourd'hui, toutes ces hostilités physiques et spirituelles vont automatiquement cesser. C'est vrai. Mais Dieu l'interdit ! Nous devons réaliser l'appel de Dieu dans notre vie. Votre vision est votre vie et vous ne pouvez pas la sacrifier à cause de l'opposition ou de l'intimidation de vos ennemis. C'est important. Et vous devez le faire jour et nuit. Soyez toujours, éternellement vigilants !

L'intimidation, la conspiration, la ruse, et la tromperie

Lorsque les plans de Néhémie ont été compromis et que sa vision a elle aussi été un échec, ses ennemis ont tenté de le faire sortir par la ruse et de le blesser et aussi de le mettre contre Dieu en péchant contre Lui. Ils ont même payé quelqu'un pour lui révéler une fausse prophétie pour le tromper. En effet, ils essayaient désespérément de réduire son travail et celui de ses ouvriers au néant. Mais aucune conspiration ne peut stopper votre vision, car elle vous vient d'en-haut. Mais Néhémie a dit deux choses importantes que j'aimerais que vous remarquiez avant de continuer. Ou peut-être nous allons lire le passage avant que je le commente :

« **Sânballath, Tobie, Guèshem l'Arabe et nos autres ennemis apprirent que j'avais reconstruit le rempart, et qu'il n'y restait plus une seule brèche – à cette date toutefois, je n'avais pas encore posé les battants des portes, Alors Sânballath, ainsi que Guèshem, me fit dire : 'Viens, rencontrons-nous à Kéfirim, dans la vallée d'Ono.'** <u>Mais ils projetaient de me faire du mal. Je leur envoyais donc des messagers avec cette réponse :'Je suis occupé à un grand travail et je ne puis descendre : pourquoi le travail cesserait-il ? Devrais-je le quitter pour descendre vers vous ?</u> **Quatre fois ils m'adressèrent la même invitation, et je leur fit la même réponse.'** »

Livre de Néhémie, 6, 1-4

« **Je me rendit donc chez Shemaya, fils de Delaya, fils de Méhétabéel, qui avait un empêchement. Il déclara : 'Rencontrons-nous dans la maison de Dieu, à l'intérieur du Temple, car on va venir pour te tuer ; oui, cette nuit, on viendra te tuer ! Mais moi je répondis : 'Un homme comme moi prendrait-il la fuite ? Et quel homme tel que moi pourrait entrer dans le Temple et rester en vie ? Non, je n'y entrerai pas !'** <u>Je reconnu que ce n'était pas Dieu qui l'avait envoyé, mais qu'il avait ainsi prophétisé à mon sujet parce que Tobie et Sânballath l'avait soudoyé. Et on l'avait soudoyé, afin que, pris de frayeur, je fasse cela et commette un péché. Ils en auraient eu prétexte à me faire mauvaise réputation. Ainsi auraient-ils pu m'outrager !.'</u>

Souviens-toi, mon Dieu, de Tobie et de Sânballath, pour ce qu'ils on fait, et aussi de Nodya, la prophétesse, et des autres prophètes qui voulaient m'effrayer. »

Livre de Néhémie, 6, 10-14

Ils ont d'abord essayé de l'attirer loin de son chantier par la ruse, et il a refusé. Il l'a dit quatre fois lorsqu'ils lui ont envoyé leur message et quatre fois il a donné la même réponse. C'est incroyable ! Il y a des hommes qui sont disciplinés. Il faut que vous soyez prêts à dire **Non** à vos ennemis chaque fois qu'ils viendront vous détourner de votre vision. Votre vision est votre vie, ainsi que nous l'avons souligné, et elle ne doit en aucun cas être compromise. Apprenez à dire non lorsque c'est nécessaire. Lorsque cela vous distrait, je vous en prie, dites NON haut et fort !

Ils ont essayé à deux occasions d'attirer Néhémie hors et loin de sa vision par la ruse et il a dit non, et aussi que :

« Je reconnu que ce n'était pas Dieu qui l'avait envoyé, mais qu'il avait ainsi prophétisé à mon sujet parce que Tobie et Sânballath l'avait soudoyé. Et on l'avait soudoyé, afin que, pris de frayeur, je fasse cela et commette un péché. Ils en auraient eu prétexte à me faire mauvaise réputation. Ainsi auraient-ils pu m'outrager ! »

Avez-vous vu ça ? Au premier incident, il s'est rendu compte qu'ils tramaient pour lui faire du mal. Et au second il a réalisé que Dieu n'avait pas parlé à Shemaya mais qu'elle avait été soudoyée par ses ennemis pour l'induire par la ruse à pécher contre Dieu. Jésus Christ ! Néhémie était vraiment bien préparé pour cette mission divine. Il était physiquement, mentalement, émotionnellement et spirituellement préparé. J'ai la sensation que c'était l'esprit de Dieu qui l'amenait à être « conscient » de tous les plans et de toutes les intentions cachées de ces gens perfides. Nous avons vraiment besoin de cette onction pour réaliser ce à quoi Dieu nous a destiné.

Vous devez être capables de lire le message entre les lignes. Vous devez voir au-delà de ce qu'on vous dit et au-delà de la ruse humaine, afin que vous soyez conscients des intentions des gens et de vos ennemis. C'est du discernement dont il est question ici, et vous devez demander à Dieu qu'il vous accorde la plénitude de cet esprit. Parfois la différence entre votre succès et votre échec, votre victoire et votre défaite ne tient qu'à votre capacité à voir au-delà des apparences, à faire preuve de discernement. J'ai toujours vu Dieu m'éloigner de ce qui se serait révélé de gros ennuis, un danger ou l'anéantissement ; parfois loin d'un mauvais investissement et des pièges de mes ennemis.

L'un des grands cadeaux dans cette vie est le don du discernement. En effet, il peut même vous guider lorsque vous prenez des décisions concernant des investissement. Je me rappelle qu'une fois j'étais sur le point de faire une erreur qui m'aurait été fatale, et je n'en avais pas été conscient.

Même en tant que rêveur cela m'avait été caché tant que je n'ai pas été très avancé dans mon projet. Mais Dieu, avec son infinie bonté, s'est servi de l'esprit du discernement pour me retenir. En effet, je m'étais presque engagé. Imaginez un peu lorsque les gens commençaient déjà à avoir des visions au cours desquelles je sortais de la morgue. Je rends grâce à Dieu de m'avoir délivré. Lorsque Dieu n'est pas constamment avec vous, vous finissez par payer le prix fort. Que Dieu nous aide ! Demandez à Dieu que son esprit du discernement vous accompagne sans cesse et adressez-vous toujours au SEIGNEUR. Il se manifeste de différentes façons. Il vient en fonction de l'opération de l'esprit de Dieu en vous. Il peut se manifester à travers des rêves, des visions, des témoignages de l'intérieur, de petites voix tranquilles et la parole de Dieu et même à travers des événements et des actions, et aussi par des avertissements directs venant d'autres personnes. Néhémie n'est tombé dans aucun des pièges que lui tendaient ses ennemis, car il était près de lui et qu'il avait Son esprit au-dessus de lui. Il a toujours su discerner l'intention cachée de ses ennemis.

Résistez à toutes les tentations qu'on fera pour vous attirer par la ruse loin de votre vision. Soyez judicieux et laissez-vous guider par l'Esprit. Maintenant nous allons voir brièvement l'exemple de quelques grands hommes qui ont été détournés de leur vision par la ruse de leurs ennemis, et le très lourd prix qu'ils ont payé pour une insouciance qu'ils auraient pu éviter.

Samson a été distrait par la ruse

Le grand Samson a été distrait par la ruse de ses ennemis. C'était l'homme auquel les anges annonçait sa venue, bien avant que sa mère ne le conçoive. Il avait une grande mission qui consistait à complètement délivrer son peuple qui était tenu en esclavage par les Philistins. Il s'est tenu à sa vision et était en train de réussir lorsqu'il décida d'être inconsidéré. Il agit contre la parole de Dieu, contre la culture de son peuple et, ne tenant pas compte du conseil de Son parent, il épousa une femme du camp ennemi. Et avant de pouvoir se rendre compte de ce qui se passait, il avait été tondu, affaibli, aveuglé, humilié et vaincu. C'est ce qui nous arrive lorsqu'on ne tient pas compte de la parole de Dieu ou de notre mission.

Maintenant ce même Samson qui arrachait les portes de ses ennemis, les tuant par milliers, tuant des lions de ses mains nues et qui était destiné à délivrer son peuple, se retrouvait aveuglé, enchaîné et en prison. Tout ça à cause de Delilah, la femme Philistine qui avait l'habitude de le tromper. Ses ennemis avaient déjà fait plusieurs tentatives qui avaient échoué, c'est pourquoi ils décidèrent de profiter de sa faiblesse devant les femmes pour le détruire. Samson paya durement son erreur et je prie pour que vous ne fassiez jamais une telle erreur au nom de Jésus ! Vos ennemis chercheront toujours une voie en se servant de vos faiblesses pour vous détourner de vos visions, de votre mission, de la faveur de Dieu et de sa protection. Si vous aimez l'argent, ils vont se servir de l'argent. Si vous aimez les femmes, ils vont se servir des femmes, si vous aspirez à avoir une position prestigieuse et que vous êtes orgueilleux, ils vont également utiliser ces caractéristiques pour vous en détourner. Quelle est votre faiblesse ? Trouvez-la ! Faites attention ! Soyez judicieux ! Soyez disciplinés ! Soyez concentrés !

David

David a certainement été l'une des personnalités de la Bible et de l'histoire les plus éminentes, un de ceux qui a davantage bénéficié de faveurs et un des plus puissants. Mais il a également connu la souffrance, la honte et les regrets qui hantent ceux qui se sont laissé détourner par la ruse. Il a été détourné par la ruse de sa mission et de sa gloire par le péché d'immoralité. Alors que d'autres rois étaient entièrement pris par leurs missions et partaient à la guerre, David ne s'engageait pas et était oisif. Très vite il fut persuadé à pécher, et les conséquences furent considérables. En effet, encore maintenant, Israël paie le prix de l'insouciance d'un seul homme. C'est l'un des épisodes les plus tristes de la Bible dont le protagoniste est l'une des personnes bénéficiant de la plus grande faveur. Que Dieu nous aide ! Je vous en prie, lisez ce passage avant que nous continuions :

« Au retour du printemps, à l'époque où les rois se mettent en campagne, David envoya Joab en expédition, avec ses officiers et toute l'armée d'Israël ; ils massacrèrent les fils d'Ammone et mirent le siège devant Rabba. <u>David était resté à Jérusalem.</u>

<u>Un soir, il se leva de sa couche pour se promener sur la terrasse du palais. De là, il aperçut une femme en train de se baigner. Cette femme était très belle. David fit demander qui elle était</u>, et on lui répondit : « Mais c'est Bethsabée, fille d'Éliam, la femme d'Ourias le Hittite ! » Alors David envoya des gens la chercher. Elle vint chez lui ; il coucha avec elle, alors qu'elle s'était purifiée de ses règles. Après quoi, elle retourna chez elle. La femme devint enceinte, et elle fit savoir à David : « Je suis enceinte ! »

Deuxième livre de Samuel, 11, 1-5

Quelle honte ! Faites attention aux mots : Lorsque les rois partent faire la guerre, David reste à Jérusalem. Il envoie d'autres gens faire ce qu'il devrait faire lui-même. Il dormait encore et se promenait pendant l'après-midi. Il aperçoit et remarque une femme. Il envoie des gens la chercher et la met enceinte. Ô mon Dieu ! C'est terrible ! Ce sont les chaîne de l'erreur ! C'est ce qui se produit lorsqu'on se détourne de son poste ou de sa mission. On ira d'une erreur à l'autre tant qu'on ne finira pas par être piégé ou anéanti. Il a fini par tuer l'homme et par épouser sa femme. Mais à la fin il y a eu le grand jugement ! Que Dieu ait pitié de nous !

Ce grand homme a été soigneusement humilié, a été vaincu et est tombé en disgrâce. Grâce à Dieu il a fini par être réhabilité, mais seulement après une expérience très longue et très difficile. C'est une histoire que vous connaissez déjà parfaitement. C'est le prix qu'on paie lorsqu'on permet qu'on nous éloigne par la ruse de notre mission.

Le peuple d'Israël

Ses ennemis ne purent pas l'emporter sur le peuple d'Israël tant qu'ils ne l'eurent pas détourné de Dieu par la ruse. Vous vous souvenez du récit de la façon dont le peuple d'Israël fut entraîné dans l'immoralité et dans l'idolâtrie par les femmes moabites ? Avant cela, le roi moabite Balak, poussé par sa colère, avait envoyé un très puissant magicien appelé Baal-Péor, près de l'Euphrate pour maudire le peuple de Dieu, mais en fait Dieu l'avait obligé à le bénir. Et le roi n'était pas content. Il se sentait frustré.

Mais après avoir essayé de le persuader, le magicien lui a dit ce qu'il devait faire. Les détourner de Dieu par la ruse. Il a expliqué au roi et à son peuple qu'il était impossible de maudire et de battre le peuple d'Israël si l'on n'avait pas précédemment obtenu que Dieu se détourne de lui en l'incitant à pécher. Vous me suivez ? Il est difficile d'avoir gain de cause ; des oppositions ne pourront pas piéger ou anéantir votre vision tant que vous ne leur permettrez pas de le faire. Malheureusement les Israélites ont fini par tomber dans ce piège pervers qui leur était tendu. Leurs hommes ont commencé à coucher avec des femmes moabites et ces dernières les ont petit à petit, de façon systématique, amenés par la ruse à adorer des idoles y compris le détestable Baal-Péor. L'immoralité et l'idolâtrie ! Cela provoqua la colère de Dieu, ce même Dieu qui les avait jalousement protégés et bénis. Il a immédiatement envoyé une plaie qui avait fait 24 000 victimes avant que le peuple d'Israël ne se rende compte de ce qui se passait :

« Israël alla habiter Shittim, et le peuple commença à se livrer à la prostitution avec les filles de Moab. Elles invitèrent le peuple aux sacrifices offerts à leurs dieux. Le peuple mangea et il se prosterna devant leurs dieux. Israël s'attacha à Baal-Péor, et la colère du Seigneur s'enflamma contre Israël ».

Livre des Nombres, 15, 1-3

Mais j'ai quelque chose contre toi : tu as là des gens qui tiennent ferme à la doctrine de Balaam ; celui-ci enseignait à Balak comment faire trébucher les fils d'Israël, pour qu'ils mangent des viandes offertes aux idoles et qu'ils se prostituent.

Livre de l'Apocalypse, 2, 14

Lorsque vos opposants, vos détracteurs, vos ennemis, vos concurrents savent qu'ils ne peuvent pas vous anéantir par la force, ils vont essayer de vous éloigner de Dieu, de votre vision et de votre destinée par la ruse. On peut faire beaucoup de choses pour vous éloigner de votre vision. Et si, stupidement, sans faire attention, vous le permettez, il faut vous préparer à payer le prix fort qui inclut : l'échec, la souffrance, la défaite, l'anéantissement et la honte. Le peuple d'Israël a payé le prix fort pour son insouciance. Vingt-quatre mille victimes auxquelles s'ajoutaient d'autres troubles et de la confusion ! Ne vous laissez pas distraire par la ruse. Restez concentrés ! Toute chose ou toute association qui ne soit pas susceptible de contribuer de manière positive à la réalisation de vos rêves pourront finir par les anéantir. Bien des grands hommes ont été vaincus, non pas par la force et par les armes, mais par la subtilité, la ruse maligne et par des ouvertures faites par des ennemis. Faites attention !

Adam et Ève

Le premier couple a lui aussi été détourné par la ruse du bel environnement, des bénédictions, des plans et des promesses faits par Dieu pour leur vie. Voyez un peu l'endroit où Dieu les faisait vivre ; ce beau jardin garni de végétation et nourri par le créateur Lui-même. Cet endroit disposait d'un or extrêmement pur, de résines aromatiques, d'onyx, etc en abondance. Ils en étaient les maitres et avaient aussi de bons rapports avec leur créateur. Il avait des plans merveilleux pour eux. Mais le serpent est venu les détourner de tout sa par la ruse.

Ici le serpent n'est pas l'animal, mais Satan, le diable, ce vieil imposteur vicieux, ce menteur et celui qui gâche tout. Il s'est servi de la ruse pour les amener à désobéir et les conséquences ont été terribles. Le péché, la mort, le mal et l'échec font leur entrée dans votre monde, uniquement en raison de cette seule erreur. Voici le maître des imposteurs à l'œuvre :

« Le serpent était le plus rusé de tous les animaux des champs que le Seigneur Dieu avait faits. Il dit à la femme : « Alors, Dieu vous a vraiment dit : "Vous ne mangerez d'aucun arbre du jardin" ? »

La femme répondit au serpent : « Nous mangeons les fruits des arbres du jardin. Mais, pour le fruit de l'arbre qui est au milieu du jardin, Dieu a dit : "Vous n'en mangerez pas, vous n'y toucherez pas, sinon vous mourrez." »

Le serpent dit à la femme : « Pas du tout ! Vous ne mourrez pas ! Mais Dieu sait que, le jour où vous en mangerez, vos yeux s'ouvriront, et vous serez comme des dieux, connaissant le bien et le mal. »

Livre de la Genèse, 3, 1-5

Ô mon Dieu ! Je crois que l'erreur qu'Ève a fait ici est d'avoir accepté de dialoguer avec le Diable. Il n'est pas possible d'analyser les choses avec l'ennemi. Vous devez vous limiter à l'ignorer, à résister, à le rabrouer, à le chasser. C'est on ne peut plus simple !

À partir du moment où vous lui en donnez définitivement la possibilité, il sait comment vous convaincre à vous écarter de la volonté de Dieu ou de votre vision. Il peut vous fournir des centaines de raisons pour lesquelles vous devriez renoncer à cette vision. C'est vrai. Même tandis que j'écris cet ouvrage, il peut me fournir des raisons pour ne pas le faire. Les ennemis sont restés les mêmes. Ce sont encore les mêmes renards sournois !

Même lorsque Ève lui a cité la parole (instructions) de Dieu, il a trouvé le moyen de tout retourner, de tout corrompre et a continué à entraîner cette pauvre femme et son mari vers le péché de désobéissance. Et ce merveilleux plan, cette destinée ont été altérés, dilués, interrompus. N'analysez pas votre situation, votre vision, et vos conditions avec vos ennemis. Tenez-les à l'écart et allez de l'avant si vous ne voulez pas qu'ils vous en détournent. Ne leur en donnez jamais l'opportunité, car ils sont des champions dans cet art. Résistez-leur, réprimandez-les, attachez-les, chassez-les, ne les laissez pas entrer ou sauvez-vous ! Nous pourrions continuer ainsi à l'infini, mais laissez-moi vous donner un très bon exemple d'un homme qui a refusé qu'on le détourne de la voie du succès.

Joseph a refusé de s'avouer vaincu

C'est exact, Joseph a refusé de s'avouer vaincu. Vous connaissez parfaitement l'histoire de cet homme jusqu'à son séjour dans la demeure de Potiphar. Lorsque ce beau garçon juif est venu comme domestique chez Poliphar, la Bible raconte que Dieu a commencé à le bénir, à bénir son maître, au point que même ce dernier s'est rendu compte qu'il bénéficiait de faveur et de succès. Mais ses ennemis n'aimaient pas ça, c'est pourquoi ils ont instigué la femme de Potiphar à le provoquer. Quel était leur objectif ? Il s'agissait de le contaminer et d'interrompre son succès toujours plus grand ! Cette femme a fait tout ce qu'elle pouvait pour amener Joseph à pécher, mais il a refusé. C'est une personne qui avait entrevu son futur et qui n'était pas prêt à le compromettre. Mais lisons le passage :

« (…) **Joseph avait belle allure et il était agréable à regarder. <u>À quelque temps de là, la femme de son maître leva les yeux sur Joseph et dit : « Couche avec moi ! » Mais il refusa</u> et répondit à la femme de son maître : « Voici que mon maître ne s'occupe plus de rien dans la maison. Tout ce qu'il possède, il l'a remis entre mes mains. Dans cette maison, il ne m'est pas supérieur et il ne me refuse rien, sinon toi, car tu es sa femme. Comment donc pourrai-je commettre ce grand mal et pécher contre Dieu ? »**

Chaque jour, elle insistait auprès de Joseph. Mais lui n'acceptait pas de partager sa couche et d'être à elle. »

Livre de la Genèse, **39, 6-10**

Nous devons à tout prix résister lorsqu'on essaie de nous détourner de notre vision. Songez à l'exemple de Joseph, cette femme a fait tout ce qui était en son pouvoir pour obtenir que Joseph couche avec elle, mais je jeune homme a refusé, s'est tenu à distance et l'a évitée. Je souhaite que vous alliez au-delà du fait qu'il s'agissait d'avoir des rapports sexuels, et que vous voyez quel est véritablement l'enjeu ici. Ce qui se jouait ici était la destinée de Joseph, et ce dernier en était parfaitement conscient. Et la femme de Potiphar, savait-elle quel était l'enjeu de tout ça ? J'en doute. Tout ce qu'elle savait et pouvait la stimuler était de pouvoir goûter à ce jeune homme qui était si beau, bien bâti, intelligent et gros travailleur que la providence avait conduit justement chez elle. C'est vrai, parfois les gens qui vont essayer de vous détourner de votre destinée, ou de votre vision peuvent se pas se rendre compte de la gravité de leurs actions et de leur véritable personnalité. Mais vous vous avez la responsabilité de vous échapper, car c'est votre futur, votre propre succès qui est en jeu.

Joseph a résisté et s'est sauvé ! Pourquoi donc ? Il se souvenait de ses grands rêves, des saintes instructions qu'il avait reçues de son père et de la chose la plus importante, son respect pour son Dieu. Il tenait compte de ce que Dieu avait dit le concernant. Il se concentrait sur cette vision dans laquelle son père, sa mère et ses frères (le Soleil, la lune et les étoiles) s'inclinaient vers lui. Il voulait réussir. Il était déterminé à voir ce rêve se réaliser dans sa vie. Et il savait que le péché pouvait compromettre tout ça, c'est pourquoi il a refusé de se laisser entraîner dans l'immoralité. Il a d'ailleurs été puni pour ça, mais la faveur et la main de Dieu sont restées avec lui tant qu'il n'a pas obtenu le succès. Il a été sorti de prison et amené au palais royal. Tout ce que vos ennemi pourront vous faire pour faire de vous des victimes va être transformé en promotion au nom de Jésus ! Refusez de vous laisser détourner car c'est votre destinée qui est en jeu. Tenez-vous-en à votre vision. Néhémie a refusé sans ménagements de se laisser détourner !

Jésus

Mais pouvons-nous conclure sans évoquer l'expérience de Jésus dans le désert ! Non ! Juste après son baptême, il se retira pour se préparer à son ministère. Il jeûna pendant quarante jours et quarante nuits et avait très faim. Ensuite, ce vagabond de Satan perçut une opportunité et arriva pour détruire cette vision. Il utilisa le pain (la nourriture) pour séduire Jésus, car il savait qu'il avait très faim. Il utilisa le pouvoir, car il savait que Jésus avait besoin du pouvoir de Dieu pour réaliser sa vision. Il utilisa aussi la gloire du monde car il savait que ce que Jésus allait accomplir allait définitivement, selon toute attente, attirer la gloire divine. Croyez-moi, vos ennemis vont toujours se servir de ce dont vous avez besoin ou de ce qui leur semble utile pour vous séduire. Ils sont très habiles. Ils viennent comme des appâts ! Mais n'oubliez jamais que ce qu'ils vous offrent n'est que du clinquant; une imitation de l'original que Dieu a préparé pour vous. Croyez-moi, ce que vos ennemis préparent actuellement pour vous n'est aucunement comparable à la gloire que Dieu vous a réservée si vous portez votre projet à bien. C'est merveilleux ! Mais voyons ce qui s'est passé dans le désert :

« Alors Jésus fut conduit au désert par l'Esprit pour être tenté par le diable. Après avoir jeûné quarante jours et quarante nuits, il eut faim. <u>Le tentateur s'approcha et lui dit : « Si tu es Fils de Dieu, ordonne que ces pierres deviennent des pains.</u> »

Mais Jésus répondit : « Il est écrit : L'homme ne vit pas seulement de pain, mais de toute parole qui sort de la bouche de Dieu. » Alors le diable l'emmène à la Ville sainte, le place au sommet du Temple et lui dit : « <u>Si tu es Fils de Dieu, jette-toi en bas</u> ; car il est écrit : Il donnera pour toi des ordres à ses anges, et : Ils te porteront sur leurs mains, de peur que ton pied ne heurte une pierre. »

Jésus lui déclara : « Il est encore écrit : Tu ne mettras pas à l'épreuve le Seigneur ton Dieu. » Le diable l'emmène encore sur une très haute montagne et lui montre tous les royaumes du monde et leur gloire. Il lui dit : « <u>Tout cela, je te le donnerai, si, tombant à mes pieds, tu te prosternes devant moi.</u> » Alors, Jésus lui dit : « Arrière, Satan ! car il est écrit : C'est le <u>Seigneur ton Dieu que tu adoreras, à lui seul tu rendras un culte.</u> » Alors le diable le quitte. Et voici que des anges » s'approchèrent, et ils le servaient.

Évangile selon saint Matthieu, 4, 1-11

Mon Dieu ! Quelle rencontre ! En effet ça aurait été vraiment tragique si Jésus avait fait une de ces choses que le Diable avait requises. Tout le projet divin aurait immédiatement été un échec. Et il y a aussi les choses qui aujourd'hui nous écartent du plan de Dieu : le pain (c'est-à-dire ce que nous allons manger, nos besoins), le pouvoir, la protection, l'orgueil de la vie et la gloire du monde. Succomber à une de ces choses, équivaut à perdre immédiatement sa vision. Il est clair que Jésus avait le pouvoir de faire toutes ces choses, mais il a énergiquement refusé, il a résisté et il a réprimandé son ennemi. Jésus lui a résisté en se servant de la parole de Dieu, « C'est écrit ! » Il a fait trois tentatives, et trois fois Il lui a dit que c'est écrit dans les Écritures. La parole de Dieu est l'arme la plus fiable pour résister à vos ennemis et sortir vainqueur en tout temps. Louange à Dieu !

Et avez-vous également remarqué comment cet être est habile à se servir de façon mensongère des promesses (parole) de Dieu pour amener Jésus à lui obéir ? Il faut connaître les promesses divines, la parole de Dieu, et les appliquer à bon escient, si vous voulez l'emporter sur Satan. C'est vrai. Lui les connaît très bien et est toujours en train de chercher le moyen de les déformer à nos dépens. Ainsi, peu importe combien de fois ou sous quelles formes vos ennemis vont se manifester, soyez toujours prêts à leur dire ce que Dieu a dit à propos de vous et de votre destinée. C'est écrit ! Dites ce qu'affirment les Écritures. Tout ce que voulait l'ennemi était de faire dérailler le projet qui consistait à sauver les hommes du péché, avec les conséquences qu'on peut imaginer. Maintenant qu'est-ce que vos ennemis utilisent pour vous séduire ? Quoi ?? Affirmez-vous et résistez-leur.

Les accusations et le chantage

Sur votre chemin vers le succès vous serez l'objet d'accusations mensongères et de chantage. Il faut que vous le sachiez. Ces techniques ont pour objet de vous décourager d'aller de l'avant. Rien, je le répète, rien ne vous sera épargné. C'est ce qu'on a fait à Néhémie, mais il a prié, les a ignoré et a continué à travailler :

Une cinquième fois encore, Sânballath m'envoya son serviteur, porteur d'une lettre ouverte, où il était écrit : « On entend dire parmi les nations – et Gashmou le confirme – que toi et les Juifs songeriez à vous révolter. Ce serait pour cette raison que tu reconstruis le rempart ; et, selon ces dires, c'est toi qui deviendrais leur roi. Tu aurais même mis en place des prophètes pour proclamer à ton sujet dans Jérusalem : "Il y a un roi en Juda !"

Et maintenant ces bruits-là vont parvenir aux oreilles du roi. Viens donc à présent, que nous tenions conseil ensemble. » Mais je lui fis répondre : « Il n'y a rien de vrai dans tes paroles ; tout cela, c'est toi-même qui l'inventes ! » <u>Eux tous, en effet, voulaient nous effrayer, en se</u>

disant : « Leurs mains vont abandonner l'ouvrage, il ne se fera jamais. » Et maintenant, mon Dieu, fortifie mes mains !

Livre de Néhémie, 6, 5-9

La trahison

La trahison c'est être déloyal, livrer quelqu'un ou être un traître. Si on a essayé de trahir Néhémie et sa vision, on tentera aussi de vous trahir. Attendez-vous à de la tricherie de la part de certains de vos partenaires, confidents, ouvriers, amis en qui vous avez confiance, collègues et même connaissances. Dans tout projet divin, il doit y avoir un Juda qui va essayer de le détruire. Néhémie en avait un bon nombre. Même au sein de son peuple qui normalement aurait dû être heureux de le soutenir il y avait des gens qui le trahissaient et qui donnaient leur soutien à ses ennemis. Et ils avaient des raisons pour se comporter comme ça. Il pouvait être question de leur mariage ou de relations personnelles. Mais est-il possible que quelqu'un ait des raisons pour trahir l'œuvre de Dieu, une vision divine ? Je ne le pense pas !

Il n'y a aucune raison d'être déloyaux à l'égard d'une cause dans laquelle vous êtes impliqués. Je suis d'avis que si vous n'aimez pas une vision ou celui qui la soutient, il vaut mieux prendre le large plutôt que de la trahir. Allez-vous en ! Cela vaut mieux que de rester et en même temps de les trahir. Je dis ça parce que le prix de la trahison est très élevé. Lisez-donc mon ouvrage intitulé ***Breaking Generational Curses : Claiming your Freedom.*** Le prix de la trahison est souvent le suicide, l'autodestruction et bien d'autres malédictions générationnelles. Oui, cela a des conséquences au niveau générationnel. Les choses ne marchent jamais très bien avec un traître. Néhémie a tout dit à ce propos dans ce passage :

« À cette même époque, les notables de Juda multiplièrent leurs lettres à l'adresse de Tobie, tandis que celles de Tobie leur parvenaient. Car il avait en Juda beaucoup d'alliés, étant le gendre de Shekanya, fils d'Arah, et son fils Yohanane ayant épousé la fille de Meshoullam, fils de Bérékya. Ils vantaient même, en ma présence, ses bonnes actions et lui rapportaient mes paroles. Et Tobie envoyait des lettres pour m'effrayer. »

Livre de Néhémie, 6, 17-19

Gérer les récriminations

L'autre chose que vous allez devoir faire à mesure que vous approchez du succès sont les récriminations. Lorsque vous serez parvenus à les identifier, résolvez-les immédiatement, de façon impartiale et judicieuse. Vérifiez ce dont se plaignent les gens et remédiez-y. Ne négligez jamais aucun problème, même s'il vous semble insignifiant. Néhémie a écouté les récriminations de son peuple et les a résolues rapidement et de façon judicieuse. C'est ce qui distingue un grand leader.

« Mais les gens de Juda disaient : « Elle fléchit, la force du porteur : il y a trop de décombres ! Et nous, jamais nous ne pourrons reconstruire le rempart ! »

Livre de Néhémie, 4, 4

« Il s'éleva alors une grande plainte des gens du peuple et de leurs femmes contre leurs frères juifs. Les uns disaient : « Nos fils, nos filles et nous-mêmes, nous sommes nombreux. Prenons du froment et mangeons, ainsi nous survivrons. » D'autres déclaraient : « Nous devons donner en gages nos champs, nos vignes et nos maisons pour avoir du froment pendant la famine. » D'autres disaient encore : « Pour acquitter l'impôt royal, nous avons dû emprunter de l'argent sur nos champs et nos vignes.

Pourtant, nous sommes de la même chair que nos frères, nos enfants valent les leurs, et nous devons livrer en esclavage nos fils et nos filles ; il en est, parmi nos filles, qui déjà sont asservies ! Nous n'y pouvons rien, puisque nos champs et nos vignes sont à d'autres. »

Je fus saisi d'une grande colère quand j'entendis leur plainte et de telles paroles. Je pris la décision d'admonester notables et magistrats ; je leur dis : « Quel est ce fardeau que vous faites peser sur vos frères ? » Et je convoquai contre eux une grande assemblée. Je leur dis : « Nous avons, dans la mesure de nos moyens, racheté nos frères juifs vendus aux nations. Mais vous, vous vendez vos frères, et c'est à nous qu'ils sont vendus ! » Ils gardèrent le silence et ne trouvèrent rien à répliquer.

Je poursuivis : « Ce que vous faites là n'est pas bien. Ne devez-vous pas marcher dans la crainte de notre Dieu, pour éviter l'insulte des nations, nos ennemis ? Moi aussi, mes frères et mes serviteurs, nous leur avons prêté de l'argent et du froment. Eh bien ! remettons-leur cette dette. Rendez-leur immédiatement leurs champs, leurs vignes, leurs oliviers et leurs maisons, et remettez-leur ce qu'ils vous doivent en argent, froment, vin nouveau et huile fraîche que vous leur avez prêtés. »

Ils répondirent : « Nous le rendrons, et nous n'exigerons plus rien d'eux ; nous agirons comme tu l'as dit. » Je convoquai les prêtres et je leur fis jurer d'agir selon cette parole. Alors je secouai le pli de mon vêtement, en disant : « Que Dieu secoue de la sorte, hors de sa maison et de ses biens, quiconque ne tiendra pas cette parole : qu'il soit ainsi secoué et dépouillé ! » Toute l'assemblée répondit : « Amen ! » et loua le Seigneur. Et le peuple agit selon ce qui avait été dit ».

Livre de Néhémie, 5, 1-13

Une petite déception, un malaise ou une injustice peuvent donner lieu à des manifestations ou bien peuvent être à l'origine de rebellions ouvertes où souterraines. Et tout ça peut remettre en cause votre vision. Faites attention à toute insatisfaction et résolvez-la. Écoutez ce que disent les gens, mais ne vous limitez pas à vous émouvoir. Servez-vous en pour améliorer votre vision et pour vous améliorer vous-même. Parfois Jésus s'arrêtait et demandait à ses disciples, « Que disent les gens de moi ? » « Et vous, que dites-vous de moi ? » « Quelle est votre opinion ? » Il voulait mesurer l'opinion de son peuple et de ses disciples. Quiconque affirme n'attacher aucune importance aux opinions que les autres ont sur lui est voué à l'échec. Même Dieu accorde de l'importance à ce que les hommes pensent de Lui. Nous ne sommes pas en train d'affirmer que les opinions des gens sont incontournables, mais on a au moins intérêt à les écouter et à les analyser. On peut glaner deux ou trois choses qui nous permettrons de progresser dans notre vision. Il y a toujours beaucoup de sagesse, de sécurité et de bénédiction dans l'écoute. Essayez de parler moins et d'écouter davantage.

Je me rappelle quand Gidéon avait prévu d'attaquer le camp des Midianites, le SEIGNEUR conduit Gidéon au camp ennemi pour écouter ce qu'on y disait, afin qu'ils sachent qu'Il leur avait accordé la victoire sur les Midianites. Gidéon fit ce qu'on lui avait demandé, et ce qu'il entendit l'encouragea à aller de l'avant, à mobiliser son armée et à attaquer ses ennemis. Vous savez déjà comment s'est terminée la bataille. Les ennemis ont subi une défaite éclatante et les généraux ont été capturés ! Il faut toujours écouter ! De temps en temps appelez ceux qui travaillent pour vous, vos partenaires, et parlez-leur. Soyez attentifs et patients !

Soyez courageux et comportez vous en leader

Même devant faire face à toutes ces oppositions, ces menaces, ces intimidations, ces trahisons et de réels danger, Néhémie a continué à faire preuve de courage et à stimuler les autres à continuer leur travail. Vous serez d'accord avec moi que le courage qu'il a manifesté à cette occasion est hors du commun. En réalité il s'est comporté en vrai leader. Il a personnellement contribué au travail, il a participé à la défense et malgré tout il avait encore la force d'encourager, de superviser et de motiver les autres. C'est exceptionnel ! C'est ça être un leader !

Je suis aussi émerveillé par ses capacités administratives et militaires. Avait-il reçu une formation comme administrateur ? Ou en stratégie militaire ? Je croyais qu'il n'était que échanson dans un pays étranger ? Lorsque Dieu vous appelle, il vous prépare et vous équipe. Il est clair que Dieu avait implanté dans cet homme toute la sagesse, le courage, la faveur, etc., dont il allait avoir besoin pour accomplir sa tâche. L'onction qui permet de réaliser et d'achever le travail lui avait été donnée. Et c'est de là que tout venait tout ce qui manifestait autour de lui. Dieu vous a déjà donné tout ce dont vous avez besoin pour obtenir le succès. Ces qualités ont été implantées en vous ! Même si pour l'instant vous ne parvenez pas à les percevoir, elles vont bientôt commencer à se manifester dès que vous commencerez. Lorsque les défis se présenteront, les qualités qui ont été insufflées en vous vont petit à petit se manifester pour y faire face. Lisez ce que dit ce grand stratège :

« Je disposai le peuple en contrebas, dans l'espace derrière le rempart, aux endroits découverts ; je le disposai par clans, avec leurs épées, leurs lances et leurs arcs. <u>Je regardai et, debout, je dis aux notables, aux magistrats et au reste du peuple : ' Ne les craignez pas ! Souvenez-vous du Seigneur, grand et redoutable, et combattez pour vos frères, vos fils, vos filles, vos femmes et vos maisons ! '</u>

Nos ennemis apprirent que nous étions avertis et que Dieu avait déjoué leur plan ; alors nous sommes tous retournés au rempart, chacun à son travail. Mais, à partir de ce jour, la moitié seulement de mes hommes participèrent au travail. Les autres étaient munis de lances, de boucliers, d'arcs et de cuirasses, les chefs se tenant derrière tous les gens de Juda. <u>Ceux qui</u>

construisaient le rempart et ceux qui portaient et chargeaient les matériaux travaillaient d'une main et, de l'autre, tenaient une arme de jet. Chacun des bâtisseurs, tandis qu'il bâtissait, portait son épée attachée aux reins. Le sonneur de cor se tenait à côté de moi. »

Livre de **Néhémie, 4, 7-12**

Et comme Néhémie l'a dit à son peuple et à ses notables, je vous le dis à vous aujourd'hui : « N'ayez pas peur. ». N'oubliez pas que le SEIGNEUR qui est Puissant, vrai et qui tient ses promesses va vous soutenir tant que vous n'aurez pas réalisé votre projet. C'est Sa promesse ! Dieu va déjouer tous les efforts de vos ennemis visant à empêcher votre vision au nom de Jésus ! Il est à même d'apporter Sa vision en vous pour qu'elle se réalise. J'aime beaucoup la façon dont l'Apôtre Paul exprime cette idée : « Il est fidèle, Celui qui vous appelle : tout cela, il le fera. »(Première lettre de saint Paul Apôtre aux Thessaloniciens, 5, 24) Amen ! Avez-vous lu ce passage ? Oui, il va le faire !

En fait rechercher le succès est comme faire la guerre. En effet, la vie elle-même est une guerre. C'est vrai. Dans une guerre, il y a forcément de nombreuses batailles. Et on s'attend à ce que vous alliez au front déterminés à gagner. Et lorsque vous gagnerez, vous rentrerez chez vous avec de grandes récompenses et des trophées de guerre. Si vous voulez remporter des trophées de guerre, alors battez-vous et gagnez les batailles. Le succès, un succès hors du commun, se manifeste lorsque vous faites interagir toutes les variables que nous avons illustrées dans ce livre. Si vous mettez soigneusement en pratique ce que vous avez appris ici, je peux vous garantir que rien ne pourra vous empêcher de progresser et de continuer à être des gagnants.

Ça y est

Chapitre Neuf

Ça y est !

« Le rempart fut achevé en cinquante-deux jours, le 25 du mois d'Éloul. Lorsque tous nos ennemis l'apprirent, et que toutes les nations autour de nous furent saisies de crainte, ils furent abaissés à leurs propres yeux. Ils reconnurent dans ce travail l'action de notre Dieu. »

Livre de Néhémie, 6, 15-16

Dieu soit loué ! le travail était enfin fini ! C'est une bonne nouvelle. Il n'y a rien qui apporte davantage de joie que de commencer un projet, de le voir progresser, affronter les difficultés et les incertitudes, et qu'il soit un succès. Avec son accomplissement il apporte de la joie, de la fierté et de la gratitude à Dieu. Vous avez vu les phases que Néhémie a dû affronter pour réaliser sa vision : voir quelles étaient les nécessités, obtenir la vision, prier, planifier, réaliser, gérer les hommes et le matériel, combattre les oppositions, etc. Ça a vraiment été une tâche difficile, mais Dieu lui a accordé la victoire, ainsi qu'au peuple de Juda. Il lui a vraiment fallu beaucoup de courage, de discipline, de sagesse, de stratégie, de foi, de sacrifice et de prières.

Je vous vois en train d'aboutir à votre propre succès hors du commun. Vous êtes sur le point d'être consacrés ! Telle est la volonté de Dieu pour vous, et c'est la raison pour laquelle vous avez souhaité lire ce livre. Vos années d'échec sont terminées. En effet, toutes les années se ressemblaient pour Hannah avant que l'homme de Dieu ne lui fasse des révélations sur sa vie. Aujourd'hui je vous fais cette révélation sur votre vie que toute trace d'échec va disparaitre au nom de Jésus ! Permettez-moi de vous rappeler que Jérusalem a été en ruines pendant de nombreuses années avant que Néhémie ne décide de rebâtir la ville. Tous les aspects de votre vie : votre carrière, vos affaires qui ont été ruinés vont désormais être reconstruits. Votre gloire va revenir immédiatement au nom de Jésus !

Néhémie **a fini par arriver à finir** sa tâche ! L'accomplissement d'une tâche apporte une grande joie. Les Écritures disent que ceux qui souffrent jusqu'à la fin vont porter la couronne de la gloire. Maintenant votre vision, votre projet, votre carrière ne va pas être stoppé. Aucune opposition, conspiration, accusation, trahison, moquerie devrait être à même de le faire avorter. De même que lui a tout surmonté, vous aussi vous allez tout surmonter. **Vous allez finir par le réaliser avec brio.** Et son projet, nous dit-on, fut réalisé en un temps record de 52 jours ! C'est incroyable ! C'est une vitesse divine ! Il n'y a rien d'étonnant à ce que leurs ennemis et les régions limitrophes de la terre de Juda aient été effrayées et humiliées. En effet, la seule chose susceptible de les effrayer et de les humilier c'est que vous réussissiez. Les nations vont vous soutenir !

J'aime beaucoup le moment où la parole de Dieu nous dit « qu'ils réalisèrent que ce travail avait été fait avec l'aide de Dieu. » Comment vous êtes-vous sentis en lisant ces mots ? C'est vrai, il rend possible ce qui ne le semblait pas ! Avec Lui, rien – je le répète, rien – ne sera impossible. Les situations, le temps, la météorologie, toute création Lui obéissent. Je ne cesserai de rappeler le miracle qu'il fit avec les quatre lépreux dans le *Deuxième livre des Rois* (7, 1-6). Il a transformé l'économie ruinée d'Israël en moins de vingt-quatre heures. Le temps et les conditions ne seront jamais des impedimenta pour Dieu. Ce que Dieu s'apprête à faire dans votre vie ne va pas manquer de provoquer des questions. Ça va déconcerter les gens. Ça ne va pas seulement effrayer et humilier vos ennemis, mais aussi étonner votre et encourager vos amis et votre entourage !

Les Israélites commencèrent immédiatement à retourner à Jérusalem après sa reconstruction. Il y a toujours un retour, se réunir, rajeunir, une restauration, une renaissance, un nouvel établissement après une reconstruction. Le succès est une source de renaissance, de joie et de gloire. Et votre succès ne va pas vous apporter la gloire à vous seuls, mais la renaissance à votre famille et à votre peuple. Votre peuple, vos rêves et l'endroit où vous vivez ne devront jamais plus connaître les ruines et la disgrâce !

<u>Ça y est</u>

« Lorsque le rempart fut reconstruit et que j'eus posé les battants des portes, les portiers, les chantres et les lévites furent installés dans leurs fonctions. »

Livre de Néhémie, 7, 1

J'aime beaucoup cet homme appelé Néhémie. C'était un vraiment grand homme de Dieu, un homme sage. Il a refusé de se laisser gagner par l'euphorie d'avoir obtenu un tel succès, et il était davantage intéressé à la consolidation de ce qu'il avait réalisé. Il voulait institutionnaliser la place de Dieu et le bien de son peuple. C'est un véritable succès ! Tout de suite après qu'ils eurent fini de poser la dernière porte, ce qui voulait dire que le travail était terminé, il a engagé des chantres, des portiers et des prêtres. Et je suis d'avis que ces trois catégories sont lourdes de sens. Il ne suffit pas de réussir, il faut aussi savoir ce qu'on fera lorsqu'on aura obtenu le succès si l'on veut continuer à réussir. C'est justement ce qu'a fait Néhémie avec ces nominations et ses actions. Mais continuons.

Les chantres

Néhémie a recruté des chantres. Il faut louer Dieu pour toute l'aide qu'Il vous a apportée dans la réalisation de votre projet. On doit le louer du début à la fin. C'est dû à Sa grâce et non à votre pouvoir et à votre sagesse. Et même lorsque votre tâche aura été réalisée, vous devrez continuer à être reconnaissants. Faites-Lui savoir que vous serez éternellement reconnaissants et que vous Lui demeurez redevables. Ceux qui expriment leur gratitude sont toujours de grands hommes. La façon dont vous exprimez votre gratitude vous définit ! C'est le secret de quelques-uns parmi les plus grands hommes de la Bible et de l'histoire. C'est le secret du grand roi David. Il exprime toujours sa reconnaissance à Dieu. Il Le loue du plus profond de son cœur. Il n'est pas étonnant qu'on ait dit qu'il était un homme fait selon Son cœur. Dieu aime beaucoup les louanges ! La Bible dit qu'Il se délecte de, trouve du plaisir, se réjouit des louanges de Son peuple.

Ainsi, d'un point de vue spirituel, Néhémie avait bien fait de recruter des chantres. Nous devrions l'imiter. Et non pas seulement en les recrutant, nous devons louer Dieu tous les jours de notre vie. Tout comme l'a fait David – nuit et jour. Le fait de prier va accélérer le processus. Il va vous ouvrir les portes du ciel. Il va attirer l'aide divine sur vous. Il va vous générer, préserver, promouvoir et protéger, ainsi que votre vision. Le fait de prier va vous faire atteindre l'apogée et vous permettre d'y rester. On ne peut pas déchoir lorsqu'on est un homme/une femme de prière. Vous pourrez apprendre davantage sur la prière dans mon livre intitulé *Power of Midnight Prayer*.

Les portiers

Néhémie a aussi recruté des portiers. Le travail d'un portier consiste à veiller sur les choses et sur les personnes qui entrent et sortent de la ville. Dans un premier temps, il l'a fait pour se défendre de ses ennemis qui étaient déjà connus pour avoir essayé de s'introduire et pour avoir attaqué la ville. Je perçois ici les portiers comme des personnes qui veillent spirituellement et physiquement sur votre succès. C'est vrai, vous avez réussi, mais cela ne vous empêche pas de continuer à veiller sur lui, de suivre pas à pas ce succès afin de le protéger, faute de quoi vos ennemis pourraient s'infiltrer et le détruire. Il vous faut des portiers. Soyez vigilants !

Il va aussi falloir que vous deveniez spirituellement le portier de votre réussite. Qu'est-ce que je veux dire par là ? Que vous devez régulièrement lui consacrer vos prières. Il faut que vous recrutiez, que vous rassembliez des partenaires qui vont sans cesse augmenter ce succès devant Dieu grâce à leurs prières. C'est très important. Vos ennemis ne vous laisseront pas tranquilles uniquement parce que vous avez atteint votre objectif. En aucun cas ! Ils vont continuer à se battre. Ils vont se battre avec acharnement et venir lorsque vous vous y attendez le moins. Mais si vous savez être attentifs, vous pourrez prévenir leurs plans et vous y opposer. Comme l'a fait Néhémie, nous devons recruter un portier, maintenant que nous avons réussi. Vous devriez aussi consulter mes ouvrage intitulés *Power of Midnight Prayer* et *'Prayer of Jeoshaphat : O' God Won't You Stop Them ?'* Ils sont exceptionnels! Ils vont beaucoup vous aider.

Il va vous falloir guider tout ce que Dieu vous a aidé à accomplir. Il va vous falloir gérer votre succès. Ce n'est pas tout d'obtenir le succès, il faut pouvoir le conserver. Si vous ne le faites pas, vous allez bientôt connaître la déchéance. Dieu peut aussi nous bloquer !

Les Lévites

Votre succès doit constamment faire référence à Dieu comme un sacrifice. Pourquoi a-t-il fallu que Néhémie recrute les Lévites, et quelle est leur fonction ? Un Lévite est un prêtre qui offre des sacrifice au Dieu tout puissant. Il se situe entre Dieu et les hommes ; entre les vivants et les morts ; entre l'autel et les fidèles. Néhémie a recruté les Lévites pour offrir des sacrifices à Dieu, et ils jouissent d'une position permanente et respectable dans son dessein. Trop de gens écartent Dieu de leur existence lorsqu'ils ont atteints leurs objectifs. C'est comme s'ils avaient utilisé Dieu, ou ceux qui Le servent pour atteindre le sommet et qu'ils éloignaient ensuite l'échelle d'un coup de pied. C'est ce que nous voyons tous les jours et ce n'est pas bien ! C'est très triste !

Cela explique aussi pourquoi tant de gens ne demeurent pas au sommet de façon permanente. Aujourd'hui, ils gravissent les échelons, et le lendemain ils chutent à nouveau. Dieu ne peut pas les récompenser de Ses bénédictions, en leur accordant d'immenses richesses, des positions et des promotions car ils vont sûrement échouer à nouveau. Ils ne pourront que le décevoir. Tout ça est très triste ! On s'attend à ce que nous soyons davantage concentrés lorsque nous gravissons les échelons. Le succès devaient vous rendre plus humbles, plus concentrés et vous rapprocher de Dieu. Il devrait vous amener à vouloir donner davantage à la société et aux gens. Je crois que c'est pour ça que Moïse leur a dit que **vous devez vous rappeler que c'est Dieu qui vous a donné la capacité à produire de la richesse**. C'est ce que vous faites lorsque vous vous offrez constamment vous-mêmes et tout ce que vous avez obtenu comme un sacrifice à Dieu. Et comment pouvons-nous faire ? En nous en servant pour servir Dieu et les hommes ! C'est la volonté de Dieu. L'offrir totalement et constamment. Vous offrir vous- mêmes et Ses bénédictions comme un sacrifice vivant à Dieu.

Vous vous rendez compte que nous ne possédons rien dans cette vie ? Nous sommes venus dénués de tout, et nous allons repartir sans rien. Ainsi, tout ce que vous avez ou avez réussi vous a été « prêté » pour que vous le « gériez » tant que vous êtes sur la terre. Nous arrivons nus et nous repartirions nus ! C'est très vrai ! Alors, chaque jour servez-vous de vos bénédictions, de vos réussites, de vos talents et de votre vie comme d'un sacrifice à Dieu et à autrui. Telle est la volonté de Dieu pour vous. C'est pour ça qu'il vous a béni. Lorsque vous aurez obtenu un succès hors du commun je vous en prie, ne l'oubliez pas. Et bravo !

Prière

Je prie pour que le succès que vous avez reçu à travers ce message puisse devenir permanent au nom de Jésus ! À partir d'aujourd'hui, tout ce dont vous allez avoir besoin pour atteindre le succès va vous suivre partout, venir vers vous et même vous submerger ! Que Dieu vous accorde sa faveur dans tous les domaines !

Très important

Si vous vous apprêter à accueillir Jésus Christ comme votre SEIGNEUR personnel et votre Sauveur, pourquoi ne vous inclinez-vous pas dès maintenant devant lui ? Confesser vos péchés et demander le pardon de Dieu. Rappelez-vous que vous devez renoncer définitivement à votre précédent mode de vie. Vous pouvez nous contacter pour des conseils supplémentaires. Et n'oubliez pas qu'il serait dangereux d'affronter vos ennemis tant que vous ne renaitrez pas à la foi Chrétienne, une vie faite de prière et d'une vie vertueuse. Soyez bénis !

Ce livre vous a-t-il béni ? Écrivez-nous à l'adresse ci-dessous et faites-nous part de vos témoignages. Parlez-en aux autres et s'il vous plait, laissez un avis sur cet ouvrage à la section avis. Nous vous remercions

Rev. Gabriel Agbo

Tel : +234 – 8037113283

E-mail : gabrielagbo@yahoo.com

www. Authorsden.com/pastorgabrielnagbo

P.O Box 1755, Enugu –Nigeria

Facebook/Double Honour International

Twitter: @pastorgagbo

www.ingramcontent.com/pod-product-compliance
Lightning Source LLC
Chambersburg PA
CBHW052328220526
45472CB00001B/328